Isabell Thiele

Umsatzsteigerung durch Verkaufspsychologie

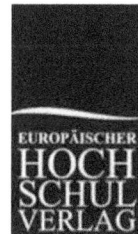

EUROPÄISCHER
HOCH
SCHUL
VERLAG

Isabell Thiele

Umsatzsteigerung durch Verkaufspsychologie

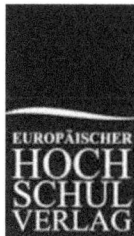

Wismarer Schriften zu Management und Recht, Band 41

EUROPÄISCHER
HOCH
SCHUL
VERLAG

www.wismarer-schriften.de

Thiele, Isabell

Umsatzsteigerung durch Verkaufspsychologie

Wismarer Schriften zu Management und Recht
Band 41

Herausgegeben von:
Prof. Dr. Jost W. Kramer
Prof. Dr. Karl Wolfhart Nitsch
Prof. Dr. Gunnar Prause
Prof. Dr. Andreas von Schubert
Prof. Dr. Andreas Weigand
Prof. Dr. Joachim Winkler

1. Auflage 2010 | ISBN: 978-3-941482-75-3

© Europäischer Hochschulverlag GmbH & Co. KG, Bremen, 2010.

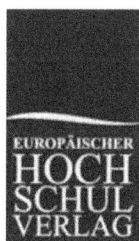

EUROPÄISCHER
HOCH
SCHUL
VERLAG

Gewidmet meinen über alles geliebten Eltern.

Inhaltsverzeichnis

Abbildungsverzeichnis

Vorwort

Eine der zentralen Fragen im Rahmen des Marketings ist, ob durch die gezielte Schulung von Verkäufern tatsächlich Umsatzsteigerungen bewirkt werden können. Für den eher technischen Part, also die Schulung der Verkäufer hinsichtlich der technischen Eigenschaften des Produktes ist das noch relativ leicht zu ermitteln. Schwieriger hingegen gestaltet sich die Beantwortung dieser Frage hinsichtlich der verkaufspsychologischen Elemente, insbesondere in der Kommunikation mit dem Kunden. Gleichzeitig senden Unternehmen ihre Verkaufsmitarbeiter zu entsprechenden Fort- und Weiterbildungsveranstaltungen, um sie zu besseren Verkäufern zu machen. Gemäß betriebswirtschaftlicher Rationalität stellen solche Fortbildungen letztlich Investitionen in das Humankapital dar – und sollten daher unter Kosten-Nutzen-Aspekten ein positives Ergebnis für das Unternehmen aufweisen.

Umso überraschender ist es vor diesem Hintergrund, dass sich kaum Studien finden, die die Wirksamkeit derartiger Schulungen auch tatsächlich untersuchen – gemessen z. B. hinsichtlich der Auswirkungen auf den Umsatz des Unternehmens. An genau diesem Punkt knüpft die hier präsentierte Bachelor-Thesis von Isabell Thiele an. Getrieben von der Neugierde hinsichtlich der Wirksamkeit von verkaufspsychologischen Schulungen wollte sie sich mit dieser Frage zunächst im Rahmen einer empirischen Studie beschäftigen und unternehmensinterne Daten auswerten. Trotz anfänglicher Zusage sprang der Praxispartner dann allerdings kurzfristig ab, so dass Frau Thiele daraufhin beschloss, sich dieses Themas aus stärker theoretisch fokussierter Perspektive anzunehmen. Das Ergebnis ihrer Überlegungen und Untersuchungen wird nachfolgend präsentiert.

Aufbauend auf einer Begriffsdefinition und ausgehend von den Aufgaben des Vertriebs beschäftigt sie sich zunächst mit den Begriffen der Umsatzsteigerung und der Vertriebsintelligenz. Danach befasst sich die Autorin intensiver mit dem inhaltlichen Schwerpunkt der Verkaufspsychologie. Dabei geht es zunächst darum, den Begriff des Verkaufens in seine einzelnen Bestandteile zu zerlegen, um auf diese Weise eine Prozessbetrachtung durchführen zu können. In diesem Kontext werden verschiedene theoretische Herangehensweisen vorgestellt und miteinander verglichen, bevor die Verfasserin die von ihr präferierte Prozessdarstellung skizziert und begründet. Anschließend wird auf Bedeutung und Arten von Kommunikation eingegangen, bevor verschiedene konzeptionelle Ansätze innerhalb der Verkaufspsychologie vorgestellt und erklärt werden. Dabei konzentriert sie sich neben dem Ansatz der kognitiven Dissonanz und psychologischen Reaktanz auf den Grid-Ansatz und die Neurolinguistische Programmierung. Abschließend verweist die Autorin darauf, dass die Instrumente, Methoden und Techniken der Verkaufspsychologie den Verkäufern selbst vermittelt werden müssen, i.d.R. durch spezielle Schulungen.

Hinsichtlich dieser Schulungen betont die Autorin, dass es sich dabei konzeptionell – wie oben bereits angesprochen – um Investitionen in Humankapital handelt, die daher von rational agierenden Unternehmen nur dann getätigt werden, wenn bei einer Kosten-Nutzen-Betrachtung ein positiver Effekt zu beobachten ist, der Nutzen also die Kosten übersteigt. Dennoch sind diesbezüglich im deutschen Sprachraum keine einschlägigen Studien auffindbar und auch im englischen Sprachraum existiert nur wenig belastbares Material. Als Beleg heranziehbar ist allerdings eine Studie von Rackham über SPIN-Selling, wonach eine Umsatzsteigerung zumindest im Rahmen von Motorola Kanada, der entsprechenden Fallstudie, ermittelt werden konnte. Aufbauend auf diesem Beleg entwickelt die Verfasserin im achten Kapitel einen Leitfaden, wie grundsätzlich eine Nutzenberechnung verkaufspsychologischer Schulungen erfolgen könnte. Dazu wird eine allgemeine Formel aus der Kosten-Nutzenanalyse hinsichtlich ihrer einzelnen Parameter betrachtet und mit Messkriterien verknüpft.

Die Arbeit befasst sich mit einer gleichermaßen theoretisch wie praktisch bedeutsamen Materie, nämlich der Umsatzsteigerung durch Verkaufspsychologie und wie sich diese konzeptionell messen ließe. Dabei ist insbesondere die konsequente Übertragung der theoretischen Grundlagen aus Psychologie und Ökonomie im Sinne einer interdisziplinären Verknüpfung mit praktischer Anwendbarkeit gelungen. Nachdem der Autorin eine empirische Herleitung der Umsatz steigernden Wirkungen verkaufspsychologischer Studien aufgrund des Rückzugs des Praxispartner verwehrt blieb, befasste sie sich dann mit dem Thema aus gewissermaßen „umgekehrter Perspektive", nämlich von der Theorie her kommend. So belegte sie nicht nur, dass es immer mindestens zwei Möglichkeiten gibt, sich mit einer Materie wissenschaftlich auseinanderzusetzen, sondern entwickelte zugleich auch ein Grundgerüst, wie Unternehmen oder andere Wissenschaftler die Umsatz steigernden Wirkungen verkaufspsychologischer Schulungen selbst messen können – auch in der Hoffnung, dass das von ihr entwickelte Messverfahren zukünftig weiter ausgebaut und verfeinert wird.

Auf diese Weise hat Isabell Thiele einen wichtigen Beitrag zur Weiterentwicklung des Schwerpunktes Marketing und Vertrieb geleistet. So ist es mir denn auch vor dem Hintergrund der in den jüngsten Monaten heftig diskutierten Qualität von Bachelorstudiengängen eine besondere Freude, diese Thesis von Frau Isabell Thiele, B.A., einer breiteren Öffentlichkeit zugänglich machen zu können.

Wismar, März 2010

Jost W. Kramer

1. Einleitung

„Verkaufen heißt, dem Käufer behilflich zu sein, mit der
Ware eine positive Vorstellung zu verbinden."[1]

Helmar Nahr

Verkaufspsychologie ist eine Möglichkeit, dem Kunden diese positive
Vorstellung zu vermitteln. So zumindest steht es in zahlreicher Literatur. Die Frage ist jedoch, ob aus der spezifischen Anwendung von Verkaufspsychologie im Vertrieb ein messbarer Erfolg resultiert. Ist eine
Umsatzsteigerung mittels Verkaufspsychologie, vor allem im B2B Bereich, möglich? Ist es überhaupt möglich, dies im Rahmen einer wissenschaftlichen Untersuchung zu messen? Ziel dieser wissenschaftlichen Untersuchung ist es, diese Fragen zu beantworten, die elemen-
tarsten Instrumente und Techniken der Verkaufspsychologie darzustellen und einen Leitfaden für die konkrete Messung von Erfolgen
durch die Anwendung von Verkaufspsychologie zu erstellen.

Kapitel drei hat die Funktion, den operativen Rahmen der Verkaufspsychologie darzustellen und theoretische Grundlagen für die weitere
Ausführung der Untersuchung aufzuführen. Hier schließt Kapitel vier
an und bietet ein Portfolio an Kausalitäten auf die eine Umsatzsteigerung zurück zu führen wäre. Kapitel fünf ergänzt dieses Portfolio. Die
Thematik der Verkaufspsychologie wird in Kapitel sechs dargestellt.
Diese Ausführung dient zum Einen dazu, die Einbettung der Thematik
in der Disziplin Psychologie darzustellen, und zum Anderen dazu, alle
wesentlichen wissenschaftlichen Erkenntnisse, Instrumente und Techniken der Verkaufspsychologie aufzuzeigen. Die Abschnitte „Umsatzsteigerung durch Verkaufspsychologie" und „Leitfaden" führen die

---

[1]   Vgl.: Oertel (kein Datum), Image-Beratung-Kommunikation. URL:
       http://www.image-consult.de/kommunikation/verkaufstraining.htm. abge-
       rufen am 13.12.2009.

beiden Disziplinen Betriebswirtschaftslehre und Verkaufspsychologie als Schnittstelle zusammen und haben die wesentliche Aufgabe zu beleuchten, ob eine betriebswirtschaftliche Messung des Erfolges mittels Verkaufspsychologie möglich ist und ermittelt dabei die operative Umsetzung mittels mathematischer Instrumente. Letztendlich werden alle wesentlichen Erkenntnisse der kritischen Auseinandersetzung nochmals in der Zusammenfassung aufgeführt.

2. Begriffe und Abgrenzungen

Gegenstand dieser wissenschaftlichen Untersuchung ist der „Persönliche Verkauf" im Rahmen des Besuchsverkaufs.[2] Hier handelt es sich um eine Verkaufsform,[3] welche durch den unmittelbaren Gesprächskontakt des Verkäufers, mit einem oder mehreren Kunden, mit dem Ziel des Abschluss eines Kaufvertrages, gekennzeichnet ist. Unter diese Verkaufsform fallen verschiedene Tätigkeitsbereiche:[4]

- Verkauf im Einzelhandel,
- Verkäufe durch die Geschäftsleitung (Verkauf auf Top-Management-Ebene),
- Fernmündliche Anfragen (Telefonverkauf),
- Beratung durch Verkäufer beim Handel (Wiederverkäufer-Verkauf),
- Verkauf im Rahmen organisierter Einladungen (Messeverkauf, Partyverkauf),
- Verkaufsbesuche beim Konsumenten[5] (Außendienstverkauf).

Die folgende Betrachtung konzentriert sich auf den letzteren Aufzählungspunkt.

Im Rahmen des persönlichen Verkaufs wird primär der Geschäftskundenvertrieb (B2B-Bereich[6]) beleuchtet, denn dort sind Vertriebsaktivitäten deutlich umfangreicher als im Privatkundenbereich (B2C-Bereich[7])

---

2   Vgl.: Meffert (1998), Marketing-Grundlagen Marktorientierter Unternehmensführung-Konzepte-Instrumente-Praxisbeispiele, 8. Auflage, S. 820.

3   Vgl.: Bänsch (1993), Verkaufspsychologie und Verkaufstechnik, 5. Auflage, S. 3.

4   Vgl.: Nerdinger (2001), Psychologie des persönlichen Verkaufs, 1. Auflage, München/Wien, S. 5.

5   Unter Konsument wird nicht der Endverbraucher verstanden.

6   Business to Business-Bereich.

7   Business to Customer-Bereich.

anzutreffen.[8] Das Käuferverhalten im Privatkundenbereich ist nicht Gegenstand dieser wissenschaftlichen Arbeit.

Adressaten der Untersuchung sind zum Einen der Verkäufer und zum Anderen die Führungskraft, welche das Budget zu verantworten hat, das für gezielte Verkaufsschulungen investiert werden soll. Ziel ist es, eine wissenschaftliche Grundlage zu schaffen, diesen Aufwand vor der Geschäftsführung zukünftig rechtfertigen zu können. Dem Verkäufer hingegen soll diese Untersuchung einen Überblick über die verschiedenen Techniken und Instrumente der Verkaufspsychologie geben, um in eigener Anwendung Zielvorgaben zu erfüllen und im besten Falle über zu erfüllen.

---

[8]   Vgl.: Pepels (2002), Grundlagen Vertrieb, 1. Auflage, München/Wien, S. 9.

3. Vertrieb

Der persönliche Verkauf im Rahmen des Besuchsverkaufs erfolgt durch den Außendienstmitarbeiter der Vertriebsabteilung eines Unternehmens. In dieser Abteilung ist die Verkaufspsychologie somit eingebettet und wird daher in diesem Kapitel näher beleuchtet und vorgestellt.

Der Begriff Vertrieb war bis 1950 nicht geläufig, denn bis zu diesem Zeitpunkt herrschte der Begriff **Verkauf** vor.[9]

„Verkauf bedeutet die unmittelbare Stimulierung, Herbeiführung und Abwicklung des konkreten Austauschaktes zwischen Anbieter und Nachfrager, im Mittelpunkt steht also die Transaktion."[10]

Dieser Begriff bezieht sich im B2B Bereich auf den Leistungsaustausch zwischen Unternehmen und im B2C Bereich auf die Abgabe von Waren an den Endverbraucher.[11] Bei schwachem Wettbewerb und einem reinen Verkäufermarkt ist dies auch zu realisieren. Doch im Laufe der Jahre haben sich die Wettbewerbsverhältnisse verändert. Auf vielen Märkten ist eine Wandlung vom Verkäufer- zum Käufermarkt entstanden. Um weiterhin Absatz generieren zu können, musste der Anbieter selbst aktiv werden, um seine Waren nach wie vor veräußern zu können. Dies geschah durch den Aufbau von Vertriebsmannschaften, einem intensiven Kundenkontakt und eine Ausweitung der Funktionen im Außendienst. Der Begriff **Vertrieb** war geboren.

„Vertrieb betrifft die planvolle Anlage des Instruments der akquisitorischen Distributionspolitik und des Verkaufs innerhalb des Absatzvollzugs, nicht

---

9   Vgl.: Preißner (2007), Vertrieb leicht gemacht. Märkte analysieren – Kunden überzeugen – Umsatz steigern, Heidelberg, S. 8.
10 Pepels (2002), Grundlagen Vertrieb, 1. Auflage, München/Wien, S. 9.
11 Vgl.: Preißner (2007), Vertrieb leicht gemacht. Märkte analysieren – Kunden überzeugen – Umsatz steigern, Heidelberg, S. 8.

hingegen die übrigen Marketing-Mix-Instrumente der Absatzvorbereitung, und ist damit deutlich enger ausgelegt."[12]

Neben Produktentwicklung,[13] Produktion und Finanzierung ist Vertrieb einer der Kernprozesse im Unternehmen. Hier werden Umsätze generiert und somit die Basis für die Erwirtschaftung des Gewinnes geschaffen. Vertrieb ist somit ein wichtiger Wettbewerbsfaktor.

Die Vertriebspolitik besteht im Einzelnen aus vier Komponenten:[14] Dem **Vertriebssystem** mit der Vertriebsorganisation, der Gestaltung der Verkaufsform mit persönlichem und unpersönlichem Verkauf und der Vertriebssteuerung, der **Verkaufspolitik**, der **Absatzwegepolitik** und der **Vertriebslogistik.**

1. Das **Vertriebssystem**[15] mit der Vertriebsorganisation, der Gestaltung der Verkaufsform mit persönlichem und unpersönlichem Verkauf und der Vertriebssteuerung.

Das Vertriebssystem kann zentral, dezentral oder ausgegliedert gestaltet werden.[16] Ist das Vertriebssystem zentral gestaltet, ist die Verkaufsabteilung im Werk,[17] das heißt der Absatz findet über die eigene Marketingabteilung/Innenverkauf statt. Alle Absatzfunktionen werden zentral initiiert und koordiniert.[18] Im Ge-

---

12   Pepels (2002), Grundlagen Vertrieb, 1. Auflage, München/Wien, S. 9.
13   Vgl.: Detroy; Behle; vom Hofe (2007), Handbuch Vertriebsmanagement, 1. Auflage, S. 17.
14   Vgl.: Winkelmann (2008a), Marketing und Vertrieb, 6. Auflage, München - Wien, S. 41.
15   Vgl.: Winkelmann (2008a), Marketing und Vertrieb, 6. Auflage, München - Wien, S. 41.
16   Vgl.: Pepels (2007a), Vertriebsmanagement in Theorie und Praxis, 1. Auflage, München/Wien, S. 41.
17   Vgl.: Luger; Geisbüsch; Neumann (1999), Allgemeine Betriebswirtschaftslehre. Band 2: Funktionsbereiche des betrieblichen Ablaufs, 4. Auflage, Müchen –Wien, S. 210.
18   Vgl.: Pepels (2007a), Vertriebsmanagement in Theorie und Praxis, 1. Auflage, München/Wien, S. 41ff.

gensatz hierzu erfolgt der Absatz beim dezentralen Vertriebssystem über unternehmenseigene Absatzstellen (Zweigstellen). Ist das Vertriebssystem ausgegliedert, findet der Absatz über rechtlich getrennte Absatzorgane statt (z.B. Hausbesuche, Home Partys, Multi Level Marketing (auch Schneeballsystem genannt)).

Die Vertriebsorganisation bildet den ordnenden Rahmen für die Maßnahmen zur Zielerreichung (Strategieumsetzung).[19] Hier wird die Gesamtheit aller generellen Regelungen bezüglich Strukturen und Abläufen dargestellt. In diesem Rahmen sind Personal- und Sachmittel in bestmöglicher Weise zu kombinieren. Die Vertriebsorganisation unterteilt sich in Aufbauorganisation/Strukturorganisation und Ablauforganisation. Ihre Aufgabenbereiche kennzeichnen die formelle Organisation. Dies geschieht in Form von Organigrammen, Stellenbeschreibungen, Unterschriftsvollmachten, Ablaufplänen und Formularschriften. Grundsätzlich müssen bei der Organisation einer Vertriebsabteilung verschiedene Aspekte beachtet werden:[20]

1. *Differenzierung der Kunden*

    Kunden haben unterschiedliche Anforderungen an den Vertrieb. Werden sehr unterschiedliche Sortimentsteile und Mengen eingekauft, sollten individuelle Konzepte und Abteilungen für den jeweiligen Kunden bzw. Kundengruppe vorhanden sein.

2. *Unterschiedlichkeit und Breite des Angebotsprogramms*

    Ist eine Vielfalt an eingesetzten Technologien und Anwendungsfeldern gegeben, setzt dies eine spezielle Kompetenz

---

[19]   Vgl.: Winkelmann (2008a), Marketing und Vertrieb, 6. Auflage, München/Wien, S. 93.
[20]   Vgl.: Preißner (2007), Vertrieb leicht gemacht. Märkte analysieren – Kunden überzeugen – Umsatz steigern, Heidelberg, S. 207.

im Rahmen der Kundenbetreuung voraus. Um dies zu gewährleisten, muss eine entsprechende Beratungskapazität bereitgestellt werden oder eine produktorientierte Strukturierung des Vertriebs erfolgen.

3. *Struktur der Fertigung/Leistungserstellung*

Im Rahmen der Massenfertigung ist ein anderes Vorgehen als im Rahmen der Einzelfertigung erforderlich. Vor allem der Zeitfaktor ist hier ein Differenzierungsmerkmal.

4. *Unternehmensgröße*

Je nach Unternehmensgröße kann man sich ein höheres Maß an Spezialisierung erlauben (z.B. spezielle Serviceleistungen). Handelt es sich um ein kleines Unternehmen, muss der Vertrieb in der Regel ein Full-Service-Konzept bieten.

In die Vertriebsorganisation können Personengruppen wie[21] Außendienstmitarbeiter (siehe hierzu Kapitel 3.2), Innendienst, Kundendienstmitarbeiter, Telefonverkäufer, Verkaufsassistenten, Mitarbeiter der Entwicklungsabteilung und Finanzierungsberater involviert sein. Der Fokus dieser Untersuchung liegt jedoch nur auf dem Außendienstmitarbeiter, da er im Rahmen des persönlichen Verkaufs verkaufspsychologische Instrumente anwenden kann.

Die Verkaufsform kann nach unterschiedlichen Kriterien gegliedert werden.[22] Wird nach dem Verkaufsort differenziert, kann zwischen dem Verkauf im stationären Handel sowie dem Au-

---

[21]   Vgl.: Preißner (2007), Vertrieb leicht gemacht. Märkte analysieren – Kunden überzeugen – Umsatz steigern, Heidelberg, S. 207.

[22]   Meffert (1998), Marketing-Grundlagen Marktorientierter Unternehmensführung-Konzepte-Instrumente-Praxisbeispiele, 8. Auflage, S. 819f.; mit Verweis auf: Meffert (1994); Weis (1995); Belz et al. (1996).

ßendienst unterschieden werden. Eine Differenzierung nach dem Verkaufsobjekt führt zu Gebrauchsgüter-, Konsumgüter-, Investitionsgüter- und Dienstleistungsverkauf. Eine übergreifende Differenzierung lässt sich mit Hilfe der Art des Angebots im Verkaufsprozess vornehmen. Hier ist zu unterscheiden in klassischen persönlichen Verkauf, semipersönlichen Verkauf und unpersönlichen oder medialen Verkauf. Beim klassischen persönlichen Verkauf, welcher im Fokus dieser Untersuchung steht, erfolgt dieses Angebot im persönlichen Gespräch zwischen Käufer und Verkäufer. Dadurch wird im Rahmen eines Dialoges ein direktes Feedback zwischen den beiden Parteien möglich. Findet das Gespräch jedoch ohne direktes Gegenübertreten statt, wie z.B. beim Telefonverkauf, handelt es sich um den semipersönlichen Verkauf. Erfolgt der Verkauf letztendlich ohne jeglichen persönlichen Kontakt, wie z.B. über das Medium Internet oder Automatenverkauf, spricht man vom unpersönlichen oder medialen Verkauf. Die Anwendung von Verkaufspsychologie im Rahmen von semipersönlichem und unpersönlichem Verkauf ist nicht Gegenstand dieser Untersuchung.

Die Vertriebssteuerung ist laut Winkelmann der Motor des Vertriebssystems.[23] Ackerschott beschreibt sie in strategisch orientierter Form sogar als mächtiges Werkzeug.[24] Sie ist für die operative Umsetzung der Kunden- bzw. Marktstrategie im Verkaufsalltag verantwortlich.[25] Daraus soll resultieren, dass kompetente Verkäufer und Kundenberater mit den fachgemäßen Methoden und Instrumenten Kunden mit hohem Potenzial selektie-

---

[23] Vgl.: Winkelmann (2008a), Marketing und Vertrieb, 6. Auflage, München - Wien, S. 35.
[24] Vgl.: Ackerschott (2001a), Strategische Vertriebssteuerung, Wiesbaden, S. 6.
[25] Vgl.: Winkelmann (2008a), Marketing und Vertrieb, 6. Auflage, München - Wien, S. 35.

ren. Um dies zu gewährleisten, wird in einer modernen Vertriebssteuerung eine Kombination aus Verkauf, Controlling und IT in Abstimmung mit einer Markt- bzw. Marketingstrategie benötigt.

Somit ist die Verkaufspsychologie auch in der Vertriebssteuerung angesiedelt. Die beschriebenen erwarteten Resultate können nur mit Hilfe von Schulungen (siehe dazu Kapitel 6.6) erreicht werden. Hierbei werden Instrumente und Techniken der Verkaufspsychologie erlernt.

2. Die **Verkaufspolitik**[26]

Diese umfasst alle betrieblichen Aktivitäten im Zusammenhang mit dem persönlichen Verkauf durch Mitarbeiter eines Unternehmens an die Nachfrager.[27] Winkelmann definiert sie im engeren Sinn als die Kundengewinnung und Kundenpflege mit den Zielen der Umsatzgenerierung und Umsatzsicherung[28] sowie als akquisitorische Komponente des Vertriebs.[29] Somit ist die Verkaufspolitik die wichtigste Komponente der Distributionspolitik für diese wissenschaftliche Untersuchung, denn hier ist die Verkaufspsychologie eingebettet.[30]

Abbildung 1 zeigt die verschiedenen konsekutiven Teilprozesse bzw. Teilphasen der Verkaufsprozessplanung.[31] Die erste Phase

---

[26] Vgl.: Winkelmann (2008a), Marketing und Vertrieb, 6. Auflage, München - Wien, S. 41.

[27] Vgl.: Berndt; Cansier (2007), Produktion und Absatz, 2. Auflage, Berlin/Heidelberg, S. 204.

[28] Vgl.: Winkelmann (2008a), Marketing und Vertrieb, 6. Auflage, München - Wien, S. 41.

[29] Vgl.: Winkelmann (2008a), Marketing und Vertrieb, 6. Auflage, München/Wien, S. 281.

[30] Vgl.: Winkelmann (2008a), Marketing und Vertrieb, 6. Auflage, München/Wien, S. 337.

[31] Vgl.: Berndt; Cansier (2007), Produktion und Absatz, 2. Auflage, Berlin/Heidelberg, S. 204ff.

ist gekennzeichnet durch die Analyse der Ausgangssituation. Diese Analyse beinhaltet die Untersuchung und Definition von Unternehmenszielen, betriebsinterner Situation und Konkurrenzsituation. Darauf folgend werden die Ziele und die Zielgruppen der Verkaufspolitik festgelegt. Hierbei kann grundsätzlich in unternehmensbezogene und verkäuferbezogene Ziele differenziert werden.[32] Letztere haben eine besondere Bedeutung bezüglich der Steuerung des Außendienstes. Darauf erfolgt die Bestimmung des Verkaufsbudgets. Hierbei handelt es sich um die Höhe des Aufwandes, welcher für Verkaufszwecke eingesetzt werden soll. Darauf aufbauend können nun der Umfang des Außendienstes und die Verkaufsbezirke festgelegt werden. Resultierend daraus werden Außendienstmitarbeiter entsprechend des Umfangs des Außendienstes rekrutiert. Ist die Selektion der neuen Vertriebsmitarbeiter abgeschlossen, kann mit den spezifischen Verkäuferschulungen und Trainings angefangen werden. Zeitgleich wird die Planung der Steuerungsinstrumente des Außendienstes begonnen. Individuelle Zielvorgaben, materielle und immaterielle Anreize, Verkaufsrichtlinien sowie dienstvertragliche Regelung sind als mögliche Steuerungsinstrumente zu verstehen. Ist diese Planung und Schulung abgeschlossen, kann nun die Planung der Außendienstbesuche erfolgen.

---

[32] Verkäuferbezogene Ziele: Gewinn,- Erlös,- Marktanteil,- und Absatzmengen-Ziele.

Abbildung 1:   Prozess der Verkaufsplanung

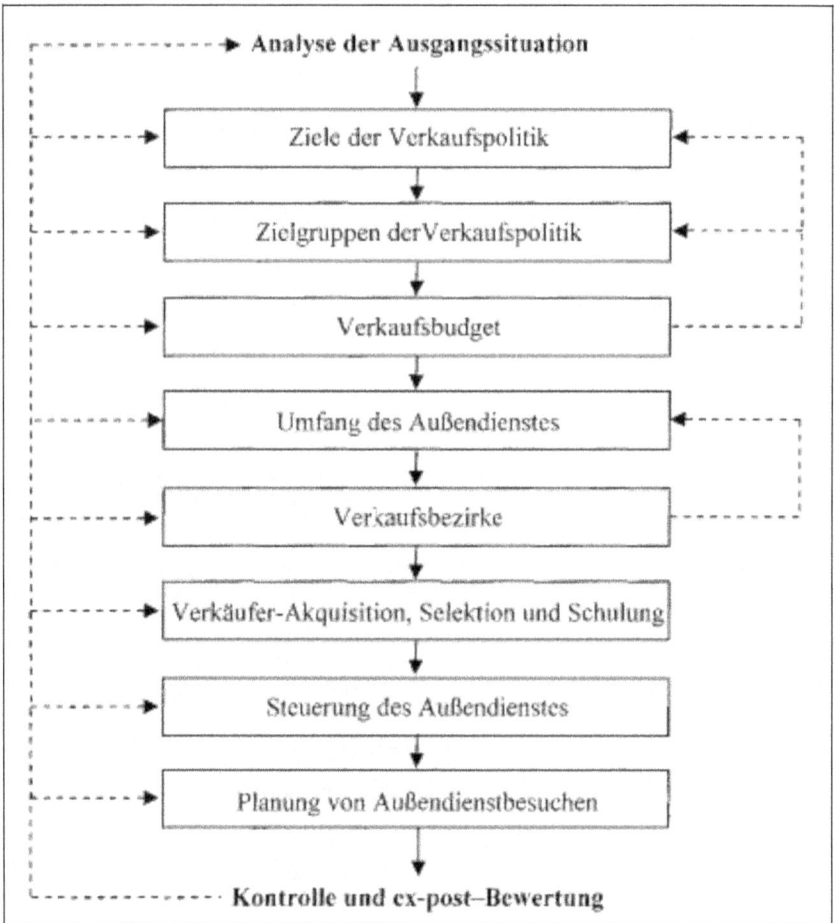

Analyse der Ausgangssituation

Ziele der Verkaufspolitik

Zielgruppen der Verkaufspolitik

Verkaufsbudget

Umfang des Außendienstes

Verkaufsbezirke

Verkäufer-Akquisition, Selektion und Schulung

Steuerung des Außendienstes

Planung von Außendienstbesuchen

Kontrolle und ex-post–Bewertung

Quelle: Berndt; Cansier (2007), Produktion und Absatz, 2. Auflage, S. 204ff.

Winkelmann beschreibt die Verkaufspolitik eher operativ und legt das Tätigkeitsfeld im Rahmen dieser Komponente der Distributionspolitik in jedem Teilprozess deutlich umfangreicher aus.[33]. So endet seine Ausführung nicht bei der Planung von Au-

---

[33]   Vgl.: Winkelmann (2008a), Marketing und Vertrieb, 6. Auflage, München - Wien, S. 311ff.

ßendienstbesuchen, sondern beinhaltet außerdem die Themen: Kundenbesuche – Planung und Durchführung (Touren und Routenplanung, Gesprächsvorbereitung, Besuchsdurchführung und Verkaufsverhandlungen und Besuchsnachbereitung), spezielle Konzepte für das Marketing (Philosophie des Relationship Marketing, Konzepte der Kundennähe, Konzepte der Kundenzufriedenheit und Konzepte der Kundenbindung) und Konzepte des Vertriebsmanagement (Key Account Management, Kleinkunden Management, Beschwerdemanagement, Churn-Management[34] und Kundenrückgewinnungs-Management). Er sieht die Verkaufspsychologie erst im Rahmen der Kundenbesuche. In dieser Untersuchung ist die Verkaufspsychologie jedoch schon im Punkt „Verkäufer-Akquisition, Selektion und Schulung" angesiedelt, da in diesem Teilprozess der Verkäufer durch Verkaufsschulungen die Instrumente und Techniken der Verkaufspsychologie erlernt. Die Ausführungen von Winkelmann sind hier nur kurz und teilweise skizziert, da eine vollständige Aufführung den Rahmen dieser Studie sprengen würde.

3. Die **Absatzwegepolitik**[35] (direkter und indirekter Vertrieb)

Der Vertrieb kann direkt oder indirekt gestaltet werden.[36] Indirekt ist der Absatzweg dann gestaltet, wenn ein rechtlich und wirtschaftlich Selbständiger zwischen Hersteller und Endverbraucher geschaltet ist. Die Stufen des indirekten Absatzweges gliedern sich nach der Anzahl der zwischen geschalteten Ab-

---

34 Churn Management: Versuch Kundenabwanderung zu vermeiden.
35 Vgl.: Winkelmann (2008a), Marketing und Vertrieb, 6. Auflage, München/Wien, S. 41
36 Vgl.: Preißner (2007), Vertrieb leicht gemacht. Märkte analysieren – Kunden überzeugen – Umsatz steigern. Heidelberg, S. 11.

satzmittler.[37] Wird nur ein Zwischenhändler, wie z.B. Handels-vertreter oder Einzelhändler, hinzugezogen, liegt ein Einstufen-kanal vor. Die Entscheidung bezüglich der Anzahl und Auswahl der Absatzmittler richtet sich nach den betriebsinternen Unter-nehmenszielen.[38] Im Rahmen des indirekten Vertriebs besteht die Möglichkeit, ein eigenes Filialnetz (Eigenvertrieb) zu gründen. Eine Alternative wäre der Einsatz von Handelsvertretern und Großhändlern (Fremdvertrieb). Die Kontrolle (z.B. mittels Ver-kaufspreis) über den Vertriebsweg bis hin zum Endverbraucher geht hier verloren. Ist der Absatzweg jedoch direkt gestaltet,[39] wird unmittelbar an den Endverbraucher verkauft und die Kon-trolle bleibt beim Hersteller. Entscheidet sich ein Unternehmen für den direkten Absatzweg, so kann es über eigene Verkaufsor-gane wie z.B. den „Versandhandel und Vertrieb über hersteller-eigene Verkaufsstellen"[40] die Waren und Dienstleistungen ver-kaufen. Heimdienst gehört genauso wie der Internetauftritt zu den direkten Absatzwegen.[41]

Aus diesem Grund ist die Frage nach direktem oder indirektem Vertrieb grundsätzlich ein erheblich strategischer Unterschied,[42] welcher jedoch im Rahmen dieser Untersuchung wegen ihres speziellen Fokus zu vernachlässigen ist.

---

[37] Vgl.: Kotler; Keller; Bliemel (2007), Marketing-Management, 12. Auflage, München, S. 856.
[38] Vgl.: Esch; Herrmann; Sattler (2006), Marketing – eine managementorientierte Einführung. 1. Auflage, München, (2006), S. 325.
[39] Vgl.: Preißner (2007), Vertrieb leicht gemacht. Märkte analysieren – Kunden überzeugen – Umsatz steigern. Heidelberg, S. 11.
[40] Kotler; Keller; Bliemel (2007), Marketing-Management, 12. Auflage, München, S. 1082.
[41] Vgl.: Scheuch (2007), Marketing, 6. Auflage, S. 276ff.
[42] Vgl.: Preißner (2007), Vertrieb leicht gemacht. Märkte analysieren – Kunden überzeugen – Umsatz steigern, Heidelberg, S. 11.

4. Die **Vertriebslogistik**[43] (Warenverteilung in Form von physischer Distribution und Lieferservice)

Gegenstand der Vertriebslogistik,[44] oder auch Distributionslogistik genannt, ist die Überbrückung von räumlichen und zeitlichen Differenzen zwischen Produktion und Konsumtion. Winkelmann sieht die Vertriebslogistik als Teil des Gesamtvertriebs und definiert sie als Überbrückung von Raum und Zeit durch Transport und Lagerhaltung.[45] "Sie erstreckt sich nach Literaturmeinung auf alle Maßnahmen die den Leistungsübertragungsweg zum Kunden sicherstellen und damit auch auf die Struktur- und Ablaufregelung für den Absatzweg und die darin handelnden Vertriebspartner."[46] Auch diese Komponente wird in dieser Untersuchung vernachlässigt, da die Relevanz im Rahmen der Thematik nicht gegeben ist.

3.1. *Vertrieb Außendienst im B2B-Bereich*

Der klassische Vertriebsorganisationsaufbau setzt sich in der Regel aus Vertriebsleitung, Außendienst, Innendienst und Kundendienst zusammen.[47] Die Vertriebsführung übernimmt die Verantwortung für den gesamten Vertrieb. Planung und Strategie sowie Aufbau, Führung und Weiterentwicklung der Vertriebsorganisation gehören zu den zentralen Aufgaben der Vertriebsführung. Ihr sind der Außendienst, der Innendienst sowie der Kundendienst unterstellt. Der Außendienst

---

43 Vgl.: Winkelmann (2008a), Marketing und Vertrieb, 6. Auflage, München - Wien, S. 41.
44 Vgl.: Diez (2006), Automobilmarketing, Navigationssysteme für neue Absatzstrategien, S. 352.
45 Vgl.: Winkelmann (2008a), Marketing und Vertrieb, 6. Auflage, München/Wien, S. 280ff.
46 Winkelmann (2008a), Marketing und Vertrieb, 6. Auflage, München/Wien, S. 280ff.; mit Verweis auf: Homburg; Kromer (2006), S. 558.
47 Vgl.: Seider (2006), Vertriebsintegration-Erfolgreiche Zusammenschlüsse von Unternehmen im Industriegütergeschäft, 1. Auflage, S. 45.

ist das zentrale Verkaufsorgan eines Unternehmens. Es handelt sich hier um den Bereich mit der größten Kundennähe. Die Pflege des vorhandenen Kundestammes, die Neukundenakquise sowie das Erreichen von Umsatz-, Absatz- und Deckungsbeitragszielen gehören zu den primären Aufgabengebieten des Außendienstes. Es gibt verschiedene Formen des Außendienstes und dementsprechend viele Nuancen der Tätigkeit in der Praxis:[48]

- Der **Besuchsverkäufer** akquiriert neue Kontakte, Verkaufsgespräche und Abschlüsse durch direkten Kundenkontakt. Eine spezielle B2C-Form ist der **Haustürenverkauf.** Hier handelt es sich um den Verkauf von Waren an der Haustür privater Haushalte, wie z.b. bei Avon oder Vorwerk.

- Als **Auslieferungsverkäufer** übernimmt der Außendienstmitarbeiter zusätzlich logistische Aufgaben. Klassische Auslieferungsverkäufer sind z.b. die Verkäufer von Eismann oder Bofrost, welche als selbständige Unternehmer tätig sind. In anderen Unternehmen wäre die entsprechende Position als reisender Angestellter zu vergeben.

- Der **Beratungsverkäufer** unterliegt (theoretisch) keiner Umsatzverantwortung. Nicht der Abschlusserfolg steht im Vordergrund, sondern die langfristige Betreuung des Kunden und in diesem Rahmen dem Kunden bei komplizieren Bedarf individuelle Problemlösungen anzubieten. Als klassische Beratungsverkäufer sind zu nennen Pharmaberater oder Finanzdienstleister. Eine neue Form des Beratungsverkäufers ist der **Konzeptionsverkäufer.** Er vertreibt keine Sachgüter oder Dienstleistungen, vielmehr liegt sein Bestreben darin Vertriebspartner oder Großkunden für ein Zusammenarbeitskonzept zu gewinnen.

---

[48] Vgl.: Seider (2006), Vertriebsintegration-Erfolgreiche Zusammenschlüsse von Unternehmen im Industriegütergeschäft, 1. Auflage, S. 45.

- Als **Markenartikelreisender** betreut der Außendienstmitarbeiter die Outlets des Handels.[49] Hierzu kann auch die sogenannte Regalpflege zählen. Fremdfirmen, die sich auf diese Tätigkeit spezialisiert haben, nennt man auch Jack Robber.

Der Innendienst hingegen übernimmt eine verkaufsunterstützende und administrative Funktion.[50] Hier erfolgt die Mitarbeit bei der Kundenbetreuung, Unterstützung des Außendienstes und Order Processing (Abwicklung der laufenden Kundenvorgänge, insbesondere der Aufträge). Für die Beratung und Betreuung des Kundenstammes ist der Kundendienst verantwortlich. Gerade bei technischen Produkten soll hier eine technische Beratung, spezielle Produktaufklärung und die Erfüllung der Verpflichtungen im Rahmen von Wartungs- und Instandhaltungsaufträgen gewährleistet sein.

Außendienstmitarbeiter werden traditionell als Reisende bezeichnet;[51] Bezirksreisender, Kundenberater oder Vertriebsbeauftragter gehören ebenso zu den gängigen Bezeichnungen der Position Außendienst. Besondere Rechte und Pflichten kennzeichnen diese Tätigkeit. Der Außendienstmitarbeiter verfügt über eine Abschlussvollmacht (Geschäftsabschluss im Namen des Arbeitgebers) oder zumindest über eine Vermittlungsvollmacht (Vermittlung im Namen des Arbeitgebers). Aus diesem Grund steht ihm nach §§ 59ff. HGB der Status des Handlungsgehilfen mit i.V. Unterschriftsberechtigung und ein Provisionsanspruch zu. In der Regel fungiert er als nichtleitender, außertariflicher Angestellter und verfügt über besondere Privilegien wie Heimbüroausstattung, Dienstwagen, Spesenregelung, Versicherungsschutz oder

---

[49] Vgl.: Seider (2006), Vertriebsintegration. Erfolgreiche Zusammenschlüsse von Unternehmen im Industriegütergeschäft, 1. Auflage, S. 45.

[50] Vgl.: Seider (2006), Vertriebsintegration-Erfolgreiche Zusammenschlüsse von Unternehmen im Industriegütergeschäft, 1. Auflage, S. 45.

[51] Vgl.: Winkelmann (2008a), Marketing und Vertrieb, 6. Auflage, München/Wien, S. 46ff.; sowie: Ackerschott (2002), Karriere machen, Vertrieb, 1. Auflage, S. 47ff.

zusätzlicher Altersversorgung. In der Praxis handelt es sich somit um einen Angestellten mit besonderem Status.

Schätzungsweise 45 Mio. Menschen sind weltweit im Außendienst tätig, davon ca. 1 bis 1,5 Mio. in Deutschland. Das Durchschnittsalter liegt heute deutlich unter 40 Jahren. An diese Mitarbeiter wird eine Reihe an Anforderungen gestellt:[52]

1. Involvement (großer Einsatzwille verbunden mit Freude an Verantwortung),

2. Die Fähigkeit, Zielvorgaben und Kundenbedürfnisse in Einklang zu bringen,

3. Interesse an Technik,

4. Präsentationstechnik (Überzeugungskraft beim Präsentieren),

5. Interkulturelle Kompetenz (mindestens Fremdsprache Englisch),

6. Konzeptionelle Fähigkeiten (Berichtswesen, Vertriebsplanung, Vertriebscontrolling, gute Kenntnisse in der Methodik strategischer Planung),

7. EDV-Kenntnisse,

8. Sozialkompetenz.

Die Sparkasse hat spezifisch zu dieser Thematik,[53] im Rahmen interner Seminare, ein Bild für den idealen Berater und Verkäufer entwickelt (siehe Abbildung 2).

---

[52] Vgl.: Winkelmann (2008a), Marketing und Vertrieb, 6. Auflage, München/Wien, S. 291.
[53] Vgl.: Bleckmann (2000), Kundengespräche erfolgreich führen, 4. Auflage, S. 13ff.

Abbildung 2:   **Kriterien eines idealen Beraters/Verkäufers**

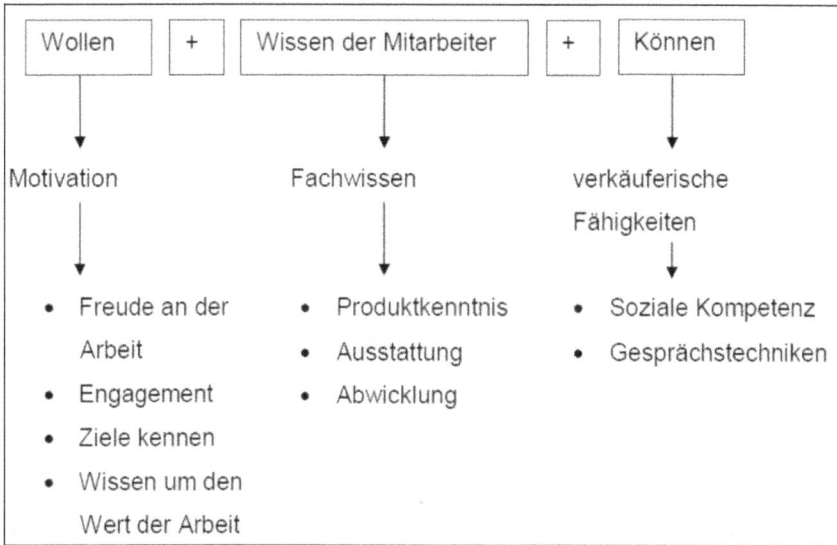

Wollen	+	Wissen der Mitarbeiter	+	Können

Motivation · · · · · · · · · · Fachwissen · · · · · · · · · · verkäuferische
· Fähigkeiten

- Freude an der   • Produktkenntnis   • Soziale Kompetenz
  Arbeit   • Ausstattung   • Gesprächstechniken
- Engagement   • Abwicklung
- Ziele kennen
- Wissen um den
  Wert der Arbeit

Quelle: Bleckmann (2000), Kundengespräche erfolgreich führen, 4. Auflage, S. 13ff.

Dieses Bild dient dazu,[54] als Verkäufer die eigenen Stärken und Schwächen zu erkennen. Entscheidend sind das Verhalten des Außendienstmitarbeiters und seine Grundeinstellung zur Arbeit, welches hier als Wollen bezeichnet wird. Diese Grundeinstellung wird durch Fachwissen über das Produkt ergänzt. Die dritte Säule sind die Verkaufsfähigkeiten, die u. a. darauf abzielen, eine positive Beziehung zum Kunden herzustellen. Verkaufspsychologische Aspekte sind in der ersten und dritten Säule anzusiedeln, denn auch Motivation ist Thematik der Verkaufspsychologie. Inwieweit es jedoch möglich ist, speziell soziale Kompetenzen mittels Schulungen und Trainings zu erlernen, ist fraglich, denn diese entwickeln sich im Laufe des Lebens und der beruflichen Erfahrung.

---

[54]   Vgl.: Bleckmann (2000), Kundengespräche erfolgreich führen, 4. Auflage, S. 13ff.

Im Fokus dieser Untersuchung steht jedoch nicht der Beratungsverkäufer im B2C-Bereich, sondern der Besuchsverkäufer im B2B-Bereich. Dieser Bereich ist der zweitgrößte Wirtschaftsbereich und richtet sich an Geschäftskunden,[55] das heißt an Unternehmen und andere Organisationen. Hier sind Vertriebsaktivitäten deutlich umfangreicher als im Privatkundenbereich (B2C-Bereich) anzutreffen.[56] Der Vertrieb im Geschäftskundenbereich weist erhebliche Unterschiede zum Privatkundenbereich auf.[57] Der Vertriebler sieht sich professionellen Einkäufern gegenüber, deren Fokus auf der Maximierung des Customer Values[58] liegt. Der Einkäufer versucht im Rahmen der Erfüllung der Beschaffungsfunktion die günstigsten ökonomischen Bedingungen für das eigene Unternehmen zu erreichen.

Die Außendienstmitarbeiter sind für den Umsatzerfolg zuständig. Winkelmann bezeichnet sie sogar als „die verlängerten Umsatzarme im Markt".[59] Dieser Umsatzerfolg ist im B2B-Bereich schwieriger zu realisieren, denn der Verkäufer sitzt keinem „Ottonormalverbraucher" gegenüber, sondern einem geschulten und professionellem Einkäufer. An diesem Punkt sollen die Instrumente der Verkaufspsychologie eingesetzt werden, um eine Umsatzsteigerung zu generieren.

3.2. Der Vertriebsprozess

Um diese Umsatzsteigerung zu generieren, muss als Basis ein Vertriebsprozess definiert sein.[60] Die Praxis zeigt, dass durch die Einfüh-

---

55   Vgl.: Ackerschott (2002), Karriere machen, Vertrieb, 1. Auflage, S. 32.
56   Vgl.: Pepels (2002), Grundlagen Vertrieb, 1. Auflage, München/Wien, S. 9.
    57Vgl.: Reiners (2003), Kundenwertsteigerung und Außendienst. Berlin, S. 115; mit Verweis auf: Kotler; Bliemel (2001).
58   Bedeutung: Kundenvorteil.
59   Winkelmann (2008a), Marketing und Vertrieb, 6. Auflage, München/Wien, S. 46.
60   Vgl.: Detroy; Behle; vom Hofe (2007), Handbuch Vertriebsmanagement, 1. Auflage, Heidelberg, S. 50.

rung moderner Vertriebsprozesse, Umsatzsteigerung und eine Verkürzung der Verkaufszyklen zu erreichen sind.

Unter einem Geschäftsprozess versteht man die potentiellen Arbeitsschritte die zur Erfüllung eines geschäftlichen Ziels notwendig sind.[61] Betrachtet man den Vertriebsprozess, handelt es sich hier um das geschäftliche Ziel „Absatz und den damit verbundenen Umsatz". In modernen Unternehmen sind Geschäftsprozesse meist sorgfältig geplant.[62] Durch diese Planung kann vor allem die Effizienz der Prozesse gemessen, darauf folgend Defizite erkannt und optimierende Maßnahmen ergriffen werden. Dagegen ist ein einheitlicher Vertriebsprozess selten vorzufinden. Meist konzentriert sich die Planung ceteris paribus auf erreichte und zu erreichende Umsatzzahlen. Um jedoch eine Wettbewerbsfähigkeit zu regenerieren, müssen auch Vertriebsprozesse optimiert, standardisiert und rationalisiert werden.

Zur Systematisierung der einzelnen Teilprozesse eines Vertriebsprozesses existieren in der Literatur zahlreiche Ansätze, von denen im Folgenden eine repräsentative Auswahl kurz skizziert werden soll.

- **Harald Ackerschott:**[63]

  Harald Ackerschott beschreibt den idealen Verkaufsprozess als einen Zyklus. Dieser besteht aus sechs Phasen:

  1. Identifizierungsphase,

  2. Qualifizierungsphase,

  3. Verteidigungsphase,

  4. Angebotsphase,

---

61 Vgl.: Elgass; Krcmar (1993), Computergestützte Geschäftsprozeßplanung, In: Information Management, Ausgabe: Heft 1, S. 43.

62 Vgl.: Detroy; Behle; vom Hofe (2007), Handbuch Vertriebsmanagement, 1. Auflage, Heidelberg, S. 50.

63 Vgl.: Ackerschott, H. (2001a), Strategische Vertriebssteuerung, 3. Auflage, S. 19ff.

5. Entscheidungsphase,

6. Realisierungsphase.

Wird die sogenannte Qualifizierungsphase (Analyse der Kaufbeeinflusser bezüglich ihrer Rollen, Haltungen sowie geschäftlicher
und persönlicher Anforderungen) und die Verteidigungsphase
(Zeitraum bis zur Kaufentscheidung, in welchem versucht wird
alle Kaufbeeinflusser in der für den Erfolg vorteilhaften Position
zu halten) übersprungen und sofort ein Angebot unterbreitet,
handelt es sich laut Ackerschott um den sogenannten „Fahrstuhleffekt". Er beschreibt dies als denkbar schlechteste Vorgehensweise. Die Chancen einen Verkaufsabschluss sind in diesem
Fall meist sehr gering, da die Wettbewerber es bereits geschafft
haben, alle Kaufbeeinflusser fest zu positionieren.

- **Peter Winkelmann:**[64]

Peter Winkelmann benennt den Vertriebsprozess als sogenann-
ten „Sales Cycle": der Grundprozess zur Kundengewinnung. Als
Basis eines Vertriebsprozesses müssen laut Winkelmann vier
Grundanforderungen erfüllt sein:

- Es dürfen keine Datensilos entstehen, denn isolierte Daten
  verhindern eine geschlossene Gesamtsicht auf den Kunden.

- Geschäftsprozesse sollten branchentypisch auf die Bedürfnisse
  und Wünsche der Kunden ausgerichtet sein und müssen daher auf Best Practices beruhen.

---

[64] Vgl.: Winkelmann (2008a), Marketing und Vertrieb, 6. Auflage, Mün-
chen/Wien, S. 314-315; sowie: Winkelmann (2008b), Vertriebskonzeption und
Vertriebssteuerung-Die Instrumente des integrierten Kundenmanagements,
4. Auflage, München.

34

- Geschäftsprozesse sind so zu implementieren, dass nahtlos mehrere Anwendungen verbunden werden können (Enterprise Application Integration).
- Prozesse müssen durch Echtzeitanalysen überwacht werden. Dies geschieht um eine zeitnahe Reaktion, auf evtl. Veränderungen des Kundenverhaltens und der Markttrends, gewährleisten zu können.

Der Sales Cycle bezieht sich vorwiegend auf die Arbeitsschritte zur Gewinnung und Abwicklung eines einzelnen Auftrages. Das einfachste Modell ist dreistufig:

1. Interessent,
2. Angebot,
3. Kunde.

Das Grundmodell des Sales Cycle differenziert Winkelmann jedoch in acht Stufen:

1. Lead (potentielle Kunden) identifizieren,
2. Lead qualifizieren, Chancen bewerten,
3. Anforderungen für Angebot definieren,
4. Angebot vorlegen,
5. Positive Resonanz des Kunden erhalten,
6. Endverhandlungen,
7. Verkaufsabschluss,
8. Folgebedarf bestimmen.

Winkelmann bezieht sich hinsichtlich der Risiken eines nicht eingehaltenen Verkaufszyklus auf den Fahrstuhleffekt von Ackerschott.

- Andreas Preißner:[65]

  Andreas Preißner stellt den Vertriebsprozess in acht Teilprozessen dar:

  1. Vertriebsprozess entwickeln,
  2. Märkte analysieren,
  3. Kunden kennen lernen,
  4. Kommunikationsmittel effektiv einsetzen,
  5. Akquisitionsprozess erfolgreich gestalten,
  6. Kunden begeistern und entwickeln,
  7. Kunden wiedergewinnen,
  8. Erfolg im Vertrieb.

  Dieser Prozess gehört hinsichtlich der Teilprozesse quantitativ zu den umfangreicheren Vertriebsprozessen und ist stark strategisch orientiert.

- **Albert Handelmann:**[66]

  Im Gegensatz zu Preißner beginnt Handelmann (2004), Freundbild Kunde. Grundlagen für die Vertriebsarbeit, 1. Auflage, Norderstedt: Books on demand GmbH. erst am 5. Teilprozess von Preißner und setzt den Fokus primär auf den operativen und nicht auf den strategischen Bereich. Er differenziert den Vertriebsprozess in sieben Phasen:

  1. Akquisition,
  2. Anforderungen oder den Bedarf ermitteln, Besuch,

---

[65] Vgl.: Preißner (2007), Vertrieb leicht gemacht. Märkte analysieren – Kunden überzeugen – Umsatz steigern, Heidelberg, S. 23.
[66] Vgl.: Handelmann (2004), Freundbild Kunde. Grundlagen für die Vertriebsarbeit, 1. Auflage, Norderstedt, S. 7.

3. Angebot erstellen,

4. Angebot übergeben,

5. Beraten und verhandeln,

6. Vertrag abschließen,

7. Betreuung sicherstellen.

In Anlehnung an die verschiedenen Ansätze soll jedoch ein eigener Verkaufsprozess skizziert werden, um den Anforderungen dieser Untersuchung zu entsprechen. Vertrieb im Außendienst geht immer mit Zielvorgaben einher.[67] Meist sind diese mit konkreten Umsatzzahlen oder Anzahl der Neukundenakquise hinterlegt. Daher muss die erste Phase des Verkaufsprozesses die Definition der Zielvorgaben sein. Diese Ziele müssen smart[68] sein:

Abbildung 3:   SMART

Simpel	Einfach und leicht verständlich
Messbar	Angabe von quantitativen Erfolgskriterien
Als ob jetzt	Das erzielte Ergebnis beschreibend: Als wenn das Ziel schon heute erreicht ist
Realistisch	Nur tatsächlich erreichbare Ziele formulieren
Terminiert	Angabe eines Endtermins, an dem das Ziel erreicht sein soll

Quelle: Zechlin (2004), Interne Zielvereinbarung – Von der Zielgenerierung zum Monitoring der Leistungserbringung: Ein Praxisbericht, Universität Duisburg-Essen, S. 6.

---

[67]   Vgl.: Lang (2007), Die Vertriebsoffensive – Erfolgsstrategien für umkämpfte Märkte, 1. Auflage, Wiesbaden, S. 31ff.
[68]   Vgl.: Zechlin (2004), Interne Zielvereinbarung – Von der Zielgenerierung zum Monitoring der Leistungserbringung: Ein Praxisbericht, Universität Duisburg Essen, S. 6.

Sind diese Ziele definiert, erfolgt der Schritt zur zweiten Phase, der Kaltakquise. Hier erstellt der Verkäufer eine sogenannte Potentialliste mit Firmen, die er kontaktiert. In diesem ersten Kontakt erfolgt die Überprüfung des Potentials des Unternehmens entsprechend des ersten Teilprozesses des Grundmodells des Sales Cycle von Winkelmann und dem Verkaufsprozess von Ackerschott: „Lead (potentielle Kunden) identifizieren/ Identifizierungsphase". In dieser Phase wird primär die Frage beantwortet, ob eine Verkaufschance besteht und diese als lohnend zur erachten ist (Welcher Bedarf besteht?), denn entsprechend der ersten Phase sind Zielvorgaben zu erfüllen.

Auch die dritte Phase lehnt sich an Winkelmann und Ackerschott: „Lead qualifizieren, Chancen bewerten/Qualifizierungsphase". In dieser Phase erfolgt die Analyse der Kaufbeeinflusser bezüglich ihrer Rollen,[69] Haltungen sowie geschäftlicher und persönlicher Anforderungen. Die von Winkelmann und Ackerschott angesprochene folgende Verteidigungsphase wird ebenfalls übernommen, um den von Ackerschott beschriebenen Fahrstuhleffekt zu vermeiden. Daraufhin erfolgen die Erstellung und die Übergabe des Angebots.

Dies steht im Spannungsfeld der eigenen Zielvorgaben und den Kundenvorstellungen. Hier gilt es die Balance zu halten und in der darauf folgenden Phase der Verhandlung für beide Parteien bestmögliche Resultate zu erzielen. Die bisherigen „Anstrengungen" des Verkäufers sollten nun im Verkaufsabschluss münden.

Die darauf folgende Phase ist der Abgleich von Soll und Ist, sowie eine Potentialanalyse des Kunden für zukünftige Aufträge. Entsprechend dieser Analyse erfolgt eine intensive oder weniger intensive Betreuung des Kunden. Eine Betreuung muss jedoch sichergestellt werden, um die Kundenzufriedenheit zu gewährleisten und positive Mund zu

---

[69] Vgl.: Ackerschott (2001a), Strategische Vertriebssteuerung, 3. Auflage, S. 19ff.

Mund Propaganda zu fördern bzw. negative zu vermeiden. Durch diese indirekte Kommunikation über die Unternehmensleistung entsteht eine Erwartungshaltung bei neuen potentiellen Kunden.[70] Bemüht der Verkäufer sich um eine positive Mund zu Mund Propaganda, kann er somit langfristig seinen Kundenstamm erweitern. Diese Erweiterung geschieht im besten Fall ohne Kaltkundenakquise, da das Unternehmen empfohlen worden ist und der neue Kunde aktiv auf den Verkäufer zugeht.

Zusammenfassend kann der Verkaufsprozess dieser Untersuchung folgendermaßen dargestellt werden:

1. Definition smarter Zielvorgaben,

2. Identifizierungsphase,

3. Qualifizierungsphase,

4. Verteidigungsphase,

5. Erstellung und Übergabe des Angebots,

6. Verhandlung,

7. Verkaufsabschluss,

8. Soll-Ist-Abgleich,

9. Potentialanalyse,

10. Betreuung.

---

[70] Vgl.: Scharnbacher; Kiefer (2003), Kundenzufriedenheit – Analyse, Messbarkeit, Zertifizierung, 3. Auflage, München, S. 8ff.

4. Umsatzsteigerung

Umsatzsteigerung ist auf vielerlei Weisen möglich. Das vorangegangene Kapitel hat demonstriert, dass alleine durch die Optimierung des Verkaufsprozesses ein Zuwachs erreichbar ist. Eine mögliche Betrachtungsgröße wäre der Gewinn gewesen. Allerdings lässt sich von dieser Größe eine Ableitung, dezimiert rein auf die Vertriebsaktivitäten im Außendienst, weitaus schwerer herstellen. Mittels der Senkung verschiedener Kostenarten (Materialkosten, Personalkosten etc.) lässt sich ebenso der Gewinn senken. Daher ist der Umsatz, die Größe die sich am adäquatesten eignet, um diese Untersuchung vorzunehmen. Dieses Kapitel dient der Beleuchtung aller Kausalitäten, die für eine Umsatzsteigerung verantwortlich sein könnten, um diese insbesondere im Leitfaden zu berücksichtigen. Dies geschieht um sicher zu stellen, dass eine Umsatzsteigerung nur auf Verkaufspsychologie, Verkaufstrainings oder Verkaufstechniken zurückzuführen ist.

Die Optimierung des Marketingmix ist als die Hauptkausalität der Steigerung des Umsatzes zu verstehen. Er umfasst die Produkt-,[71] Preis-, Kommunikations- und Distributionspolitik. Mit Hilfe von Preisstrategien im Rahmen der Preispolitik, gezielter Werbestrategien der Kommunikationspolitik und einer Veränderung der Größe des Vertriebsgebietes kann eine Zunahme des Umsatzes erzielt werden. Die Ausweitung der Größe des Vertriebsgebietes vermag ebenso mit der Entscheidung zu exportieren einhergehen. Die Erschließung neuer Märkte bringt neue Kunden hervor, steigert somit den Absatz und damit den Umsatz. Die Zielvorgabe Umsatzsteigerung fungiert als Basis, auf welche die Ausrichtung des Marketing-Mix erfolgt. Hierbei ist darauf zu achten, die Zielvorgaben realistisch zu gestalten: So kann eine Umsatzsteigerung von über 20 Prozent in einem Wettbewerbsum-

---

[71]   Vgl.: Olbrich (2006), Marketing: Eine Einführung in die marktorientierte Unternehmensführung, 2. Auflage, Berlin/Heidelberg/New York, S. 33.

feld nicht erreicht werden eine Zielvorgabe zwischen 10 und 20 Prozent ist hingegen realistisch angesetzt und somit erreichbar.[72]

Eine weitere Betrachtung der Thematik dieses Kapitels erfolgt im nächsten Abschnitt: Vertriebsintelligenz.

---

[72] Vgl.: Klenger (2000), Operatives Controlling, 5. Auflage, München, S. 70.

5. Vertriebsintelligenz

> „Es gibt nur eine Hand voll Parameter, an denen ein Unternehmen „schrauben" kann. Wenn der Weg nicht „kaputtsparen" heißt, dann heißt er klar: Umsätze müssen steigen. Und es gibt Unternehmen, die wahre Umsatzmaschinen sind. Oder die anscheinend eine Idee, einen Trick, eine potente Umsatz-Maschine gefunden haben, die sie nach vorne bringt. Das nennen wir Vertriebsintelligenz!"[73]

Andreas Buhr

Andreas Buhr reduziert die Umsatzsteigerung nicht auf Verkaufstrainings und Verkaufspsychologie, sondern vielmehr auf ein umfassendes Veränderungsmanagement.[74] Die Vertriebsintelligenz definiert sich als ganzheitliches Kompetenzsystem und setzt nicht beim Verkäufer an,[75] sondern bei der Führungskraft. Prinzipiell bedeutet dies, dass eine Führungskraft eine Reihe von Kompetenzen innerhalb von vier Kompetenzbereichen entwickelt haben muss und ebenso anwenden kann:

V = Vertriebsvermögen

Vertriebswissen zu Vertriebsvermögen machen.

F = Führungskompetenz

Excellence in Leadership: echte Führungskompetenz.

---

[73] Buhr, A. (2006), Die Umsatzmaschine – Wie sie mit Vertriebsintelligenz Umsätze steigern, 1. Auflage, S. 29.

[74] Vgl.: Buhr, A. (2006), Die Umsatzmaschine – Wie sie mit Vertriebsintelligenz Umsätze steigern, 1. Auflage, S. 10.

[75] Vgl.: Buhr, A. (2006), Die Umsatzmaschine – Wie sie mit Vertriebsintelligenz Umsätze steigern, 1. Auflage, S. 29f.; sowie: Geffroy (2005), Die Zukunft der Finanzdienstleistung: die besten Redner der Rothmann Akademie, 1. Auflage, Heidelberg, S. 78.

M = Marktstrategie

Positionierung: die durchschlagende Marktstrategie.

G = Gestalterkraft

Umsetzungskraft: Gestalterkraft bestimmt die Zukunft des Unternehmens.

Diese vier Kompetenzfelder können in einer mathematischen Formel ins Verhältnis gesetzt werden und bilden den Vertriebsintelligenzfaktor.

Eine mangelhaftes Management bzw.[76] eine schlechte Führungskraft demotiviert und führt zu Misserfolgen der Mitarbeiter,[77] demgegenüber wirkt ein exzellentes Management stark motivierend und resultiert in Erfolgen. Im Rahmen dieses Managements muss auch der Verkäufer gewisse Einstellung und Kompetenzen aufweisen.[78] Er verfügt über spezielles Vertriebswissen, welches sich aus verschiedenen Einzelkompetenzen[79] zusammensetzt. Das Vertriebswissen aller Vertriebler ergänzt sich und bildet somit ein großes Ganzes. Vervollständigt wird dieses Vertriebswissen mit Motivation und einer positiven Einstellung. Das heißt, dass der Verkäufer zu 100 Prozent hinter dem Produkt steht, kundenorientiert handelt und sich mit seiner Tätigkeit identifizieren kann.

---

[76] Vgl.: Geffroy (2005), Die Zukunft der Finanzdienstleistung: die besten Redner der Rothmann Akademie, 1. Auflage, Heidelberg: Redline Wirtschaft, Redline GmbH, S. 85.

[77] Studien belegen, dass die Hauptursache für Demotivation im mangelhaften Management zu finden ist.

[78] Vgl.: Buhr (2006), Die Umsatzmaschine – Wie sie mit Vertriebsintelligenz Umsätze steigern, 1. Auflage, S. 47ff.

[79] Zum Beispiel: fachliche, methodische und sozial-emotionale Kompetenz.

Buhr setzt nicht nur auf Verkaufspsychologie,[80] denn der Vertrieb hat sich in den letzten Jahren stark geändert. Kunden weisen heutzutage ein höheres Wissen bezüglich Kaufpsychologie und Verkaufen auf. Der Wettbewerb ist heute stärker als je zuvor. Dementsprechend setzt Buhr auf ein „Gesamtpaket" von exzellenter Führung sowie motivierten und kompetenten Mitarbeitern.

Dieser Ansatz wäre noch weiter auszuführen, soll aber mitunter die Basis dieser Untersuchung darstellen. Die Schulung und Anwendung von Verkaufspsychologie alleine gestellt, kann auf Dauer kein konstantes Wachstum bedeuten. Gerade im Vertrieb heißt es sich jeden Tag aufs Neue zu motivieren und im Sinne des Unternehmens und des Kunden zu handeln. Bei schlechter Führung ist dies schwer zu realisieren. Zu viel Druck zum Beispiel wird vom Verkäufer als Bedrohung erlebt,[81] der er nicht gewachsen ist. Somit ist zu viel Druck stress- und angstbesetzt. Entsteht allerdings das Gefühl, die Bedrohung bewältigen zu können, wird diese zur Chance. Ebenso muss auf individuelle Mitarbeiterziele eingegangen werden.[82] Mitarbeiter wollen ihren Eigennutzen maximieren. Zielvorgaben können also nur erfolgreich erreicht werden, wenn die Interessen der Verkäufer angesprochen und auch beachtet werden.

Diese Rahmenbedingungen werden in dieser Untersuchung als Grundlage der Tätigkeit des Verkäufers angenommen. Sind diese nicht gegeben, können die Ergebnisse, die auf Verkaufsschulungen zurückgeführt werden, durch andere Variablen (z.B. schlechte Führung) verfälscht sein.

---

[80] Vgl.: Geffroy (2005), Die Zukunft der Finanzdienstleistung: die besten Redner der Rothmann Akademie, 1. Auflage, Heidelberg, S. 72f.

[81] Vgl.: Frey (2009), Change Management in Organisationen – Widerstände und Erfolgsfaktoren der Umsetzung. URL: http://www.humancapitalclub.de/pdf/CM%20regnet.pdf, abgerufen am 14.12.2009.

[82] Vgl.: Vahs (2007), Organisation. 6. Auflage, S. 380ff.

Diese Rahmenbedingungen werden in dieser Untersuchung als Grundlage der Tätigkeit des Verkäufers angenommen. Sind diese nicht gegeben, können die Ergebnisse, die auf Verkaufsschulungen zurückgeführt werden, durch andere Variablen (z.B. schlechte Führung) verfälscht sein.

6. Verkaufspsychologie

Schon 1879 beschäftigte sich Wilhelm Wundt erstmals mit der Thematik der Psychologie.[83] Er wird jedoch nicht als der Begründer der Psychologie verstanden, sondern Siegmund Freud (1856-1939). Siegmund Freud gilt als Begründer der Psychoanalyse[84] und der Tiefenpsychologie.[85] Bereits seit diesen Ursprüngen zeigt sich das bis heute aktuelle Problem der Psychologie. Bei dieser wissenschaftlichen Disziplin existiert kein übergeordnetes System oder Theoriegebäude.[86] Dies ist vor allem dadurch zu begründen, dass sich hier unterschiedliche Schulen und konkurrierende Paradigmen gegenüber stehen. Aus diesem Grund befindet sich die Psychologie selbst nach über 100 Jahren noch im wissenschaftlichen Vorstudium. So lässt sich erahnen dass eine einheitliche Begriffsdefinition nicht vorhanden ist. Im Rahmen dieser Arbeit, mit dem Fokus auf der Psychologie im Beruf, ist folgende Definition Basis dieser Untersuchung:

„Kenntnis der Ursachen und Entstehung des eigenen Verhaltens und des Verhaltens von Individuen und Gruppen, um sie im Sinne eigener Ziele beeinflussen zu können."[87]

Ausgehend von der sich mit dem Unterbewusstsein beschäftigenden Freudschen Tiefenpsychologie entstand aus der Kritik der subjektiven Interpretation die abgeleitete Verhaltenspsychologie.[88] Sie konzentriert

---

83 Vgl.: Klein; Kresse (2006), Psychologie. Vorsprung im Job, 2. Auflage, Berlin, S. 12.
84 Vgl.: Johach (2009), Von Freud zur humanistischen Psychologie, 1. Auflage, Bielefeld, S. 35.
85 Vgl.: Klein; Kresse (2006), Psychologie. Vorsprung im Job, 2. Auflage, Berlin, S. 12ff.
86 Vgl.: Klein; Kresse (2006), Psychologie. Vorsprung im Job, 2. Auflage, Berlin, S. 12ff.
87 Klein; Kresse (2006), Psychologie. Vorsprung im Job, 2. Auflage, Berlin, S. 12ff.
88 Vgl.: Klein; Kresse (2006), Psychologie. Vorsprung im Job, 2. Auflage, Berlin, S. 12ff.

sich auf beobachtbares Verhalten. Als Begründer gilt der russische Physiologe Iwan Pawlow. Der sogenannte Behaviorismus stützt sich auf seine Untersuchungen und Erkenntnisse. Der Behaviorismus versuchte erstmals aus der Psychologie eine systematische Wissenschaft zu machen.

Mit dem Zeitalter der Informationstechnologie traten mit der kognitiven Psychologie die geistigen Prozesse wieder in den Vordergrund. Die enge Verbundenheit mit diesem Zeitalter zeigt sich nicht nur in der Art der Versuchsanordnung, sondern auch in der Sprache der Modelle. Hier wird das menschliche Gehirn mit einem Computer verglichen, welches im Rahmen des Verhaltens eines Individuums programmiert und in die richtige Richtung verändert werden kann. Hier besteht ein Bezug zum Behaviorismus, weshalb die kognitive Psychologie auch als Unterart der Verhaltenspsychologie angesehen wird.

Geht die Verhaltens- und Tiefenpsychologie eher von einem negativen Menschenbild aus, so strebt der Mensch laut der humanistischen Psychologie nach dem Guten und der Entwicklung. Die Bedürfnispyramide von Maslow ist das Paradebeispiel dieser Ansicht und steht in engem Zusammenhang mit der Verkaufspsychologie.[89] Vor allem in der Psychologie des persönlichen Verkaufs geht es darum, die Bedeutung der *„Motivation des Käufers"* zu erforschen. Hier sollen die Fragen nach dem *„Warum und Wozu menschlichen Verhaltens"* beantwortet werden. Die Frage nach dem Motiv ist für die Erforschung des Kaufverhaltens von Menschen die wichtigste und wohl auch schwierigste, denn jede Kaufsituation ist eine für sich selbst abgeschlossene Kommunikationssituation und kann daher nicht einfach kategorisiert werden. Durch seine hierarchisch angeordnete Bedürfnispyramide versucht Maslow

---

[89] Vgl.: Nerdinger (2001), Psychologie des persönlichen Verkaufs, 1. Auflage, München/Wien, S. 41ff.

die wichtigsten Motive des Käuferverhaltens in fünf Klassen (Bedürf-
nisebenen) zu unterteilen:

Abbildung 4:   Bedürfnispyramide nach Maslow [90]

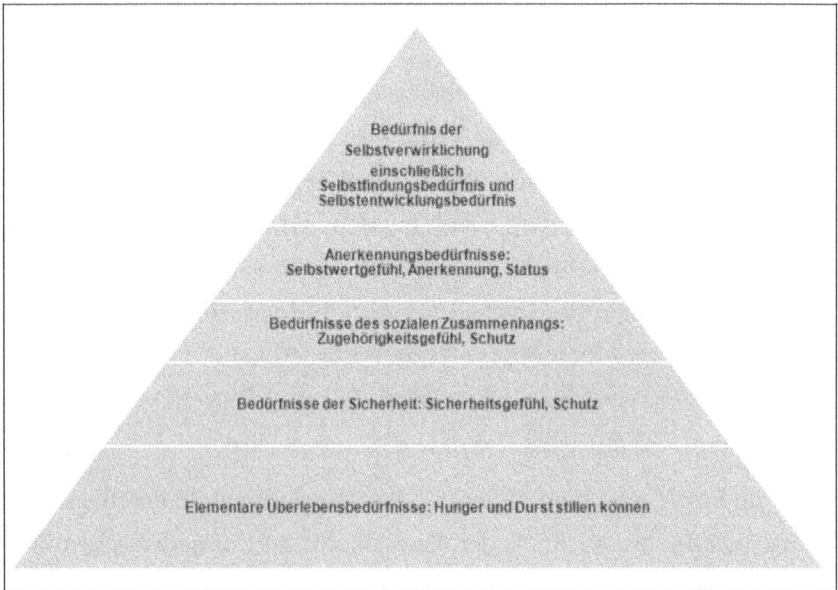

Bedürfnis der
Selbstverwirklichung
einschließlich
Selbstfindungsbedürfnis und
Selbstentwicklungsbedürfnis

Anerkennungsbedürfnisse:
Selbstwertgefühl, Anerkennung, Status

Bedürfnisse des sozialen Zusammenhangs:
Zugehörigkeitsgefühl, Schutz

Bedürfnisse der Sicherheit: Sicherheitsgefühl, Schutz

Elementare Überlebensbedürfnisse: Hunger und Durst stillen können

Quelle: Kotler; Armstrong; Saunders; Wong; (2003), Grundlagen des Marketing,
3. Auflage, München, S. 316.

In den vergangenen Jahren konnte die Thematik der Verkaufspsychologie keine wesentlichen Erkenntnisfortschritte verbuchen.[91] Dies liegt
laut Becker vor allem an der Tatsache, dass es sich hier um eine wissenschaftliche Schnittstelle zwischen der Psychologie und der Betriebswirtschaftslehre handelt.[92] Die Zuständigkeit ist nicht geklärt und
die Verantwortlichkeit wird von beiden wissenschaftlichen Disziplinen

---

[90]   Kotler; Armstrong; Saunders; Wong; (2003), Grundlagen des Marketing, 3.
Auflage, München, S. 316.
[91]   Vgl.: Becker (2004), Verkaufspsychologie-Theoretische Grundlagen und praktische Anwendungen, 3. Auflage, München, S. 8.
[92]   Vgl.: Becker (2004), Verkaufspsychologie-Theoretische Grundlagen und praktische Anwendungen, 3. Auflage, München, S. 8.

abgelehnt. Während die Betriebswirtschaftslehre die grundlegenden psychologischen Erkenntnisse nicht genügend miteinbeziehen kann, wird von der Psychologie die Beschäftigung mit der Thematik grundsätzlich verweigert. Die Ursache dieser Verweigerung findet seinen Ursprung nicht nur in interdisziplinären Berührungsängsten, sondern vielmehr in der prinzipiellen Ablehnung der Psychologen, psychologisches „Herrschaftswissen" für die niedrigen Zwecke einer gewerbsmäßigen Gewinnmaximierung preiszugeben und ausnutzen zu lassen. Laut Becker lässt sich der Begriff Verkaufspsychologie folgendermaßen definieren:[93]

„Verkaufspsychologie ist als Wissenschaft vom Erleben und Verhalten des Menschen in Kaufentscheidungsprozessen zu sehen."[94]

Winkelmann sieht sie als Hilfe für den Verkäufer,[95] um in kritischen Situationen sublime Botschaften des Gesprächspartners richtig zu deuten, einen klaren Kopf zu behalten und immer den Weg auf die Sachebene zurück zu finden.

Nerdinger hingegen spezifiziert unmittelbar die Psychologie des persönlichen Verkaufs und grenzt diese Form von der gängigen Verkaufspsychologie ab:[96]

Die Psychologie des persönlichen Verkaufs „beschäftigt sich vorzugsweise mit Einflusstechniken, die es dem Verkäufer ermöglichen, einen erfolgreichen Vertragsabschluss zu erzielen."

---

[93] Vgl.: Becker (2004), Verkaufspsychologie-Theoretische Grundlagen und praktische Anwendungen, 3. Auflage, München, S. 8.
[94] Becker (2004), Verkaufspsychologie-Theoretische Grundlagen und praktische Anwendungen, 3. Auflage, München, S. 8.
[95] Vgl.: Winkelmann (2008a), Marketing und Vertrieb, 6. Auflage, München/Wien, S. 338.
[96] Vgl.: Nerdinger (2001), Psychologie des persönlichen Verkaufs, 1. Auflage, München/Wien, S. 13f.; sowie: Spieß (2005), Wirtschaftspsychologie, 1. Auflage, S. 112.

Diese Definition entspricht dem Verständnis und der Zielstellung dieser Untersuchung und ist demgemäß als Basisdefinition für die weitere Abhandlung zu verstehen.

6.1. Prozesse des Verkaufens

Der Definition der Verkaufspsychologie des vorangegangen Kapitels folgend, gilt es nun, die einzelnen Prozesse des Verkaufens bis hin zum erfolgreichen Vertragsabschluss aufzuführen und näher zu beleuchten.

Der Verkaufsvorgang ist in eine Reihe von Einzelphasen zu untergliedern.[97] Folgende Einzelphasen sind zu nennen:

1. Anbahnung des Geschäftes (Kontaktphase),

2. Geschäftsverhandlungen (Aufbau- und Hinstimmungsphase[98]),

3. Geschäftsabschluss mit Anbahnung weiterer Geschäfte (Abschluss und Weiterführungsphase).

Legt man diese Geschäftsphasen auf den in Kapitel 3.2 erstellten Verkaufsprozess um, ergibt sich folgendes Bild (Abbildung 5).

---

[97] Vgl.: Bänsch (1993), Verkaufspsychologie und Verkaufstechnik, 5. Auflage, S. 45f.

[98] Hinstimmungsphase: Phase die zum Verkaufsabschluss führt bzw. stimmt.

Abbildung 5:   Geschäftsphasen im Verkaufsprozess

Verkaufsprozess	Geschäftsphasen
Definition smarter Zielvorgaben	Kontaktphase
Identifizierungsphase	
Qualifizierungsphase	
Verteidigungsphase	
Erstellung und Übergabe des Angebots	Aufbau und Hinstimmungsphase
Verhandlung	
Verkaufsabschluss	Abschluss und Weiterführungsphase
Soll-Ist-Abgleich	
Potentialanalyse	
Betreuung	

Quelle: Eigene Darstellung in Anlehnung an Bänsch (1993), Verkaufspsychologie und Verkaufstechnik, 5. Auflage, S. 45f.

Die drei Geschäftsphasen der hier abgebildeten rechten Spalte entsprechen den drei Grundphasen des Verkaufsvorgangs,[99] welche in allen bekannten Verkaufsformeln vorzufinden sind. Diese Formeln werden nun detaillierter vorgestellt und hinsichtlich ihrer Defizite beleuchtet, um letztendlich entlang des entwickelten Verkaufsprozesses eine optimale Formel zu ergeben. Grundlage der Betrachtung sind folgende Formeln:

- Die **AIDA**-Formel

- Die **DIBABA**-Formel

- Die **BEDAZA**-Formel

- Die **VERKAUFSPLAN**-Formel

---

[99]   Vgl.: Bänsch (1993), Verkaufspsychologie und Verkaufstechnik, 5. Auflage, S. 45.

Die **AIDA**-Formel ist das älteste und bedeutendste verkaufspsychologische Phasenmodell.[100] Diese Formel setzt sich zusammen aus:

- **A** – Attention (Aufmerksamkeit),
- **I** – Interest (Interesse),
- **D** – Desire (Drang),
- **A** – Action (Abschluss).

A Bei der Gesprächseröffnung muss die Aufmerksamkeit des Kunden gewonnen werden. Diese Phase wird als bei potenziellen Käufern oder bei überbelasteten Einkäufern kritisch erachtet. Die Vorgehensweise des Verkäufers ist in dieser Phase entscheidend.

I In der Phase Interesse gilt es, gezielt durch Produktmuster, Kataloge oder Vorführung das Interesse des Kunden zu wecken.

D Drang steht hier für das Kaufbegehren des Kunden. Voraussetzung für die Auslösung dieses Begehrens ist, dass in der Argumentationsphase entstehende Kaufwiderstände ausgeräumt werden können. Der qualifizierte Außendienstmitarbeiter wird den Kunden über einen Spannungsbogen führen, welcher in einem Kaufabschluss mündet.

A Diese Phase beschreibt die Vorgänge kurz vor dem Abschluss sowie den Kaufabschluss an sich.

Kritik:

Diese Formel beschränkt sich auf den Verkaufsprozess bis hin zum Verkaufsabschluss. Vernachlässigt wird jedoch die von Winkelmann und Ackerschott beschriebene Qualifizierungs- sowie Verteidigungs-

---

[100] Vgl.: Ackerschott (2001b), Wissensmanagement für Marketing und Vertrieb, 1. Auflage, Wiesbaden, S. 130.; sowie: Winkelmann (2008a), Marketing und Vertrieb, 6. Auflage, München/Wien, S. 336f.; sowie: Bänsch (1993), Verkaufspsychologie und Verkaufstechnik, 5. Auflage, S. 45.

phase. Folgt der Verkäufer dem AIDA-Modell, entsteht der von Acker-schott befürchtete Fahrstuhleffekt. Die Weiterführungsphase wird außer Acht gelassen und somit keine weitere Kundebetreuung thematisiert.[101]

Die AIDA-Formel wurde weiterentwickelt zur **DIBABA**-Formel und setzt sich aus folgenden Phasen zusammen:

D – Definitionsstufe (Angebot definieren),

I – Dientifizierungsphase (Bedarf identifizieren),

B – Beweisstufe (Vorteile beweisen),

A – Annahmestufe (Angebot akzeptieren),

B – Begierdestufe (Angebot begehren),

A – Abschlussstufe (Verkaufsabschluss).

Im Rahmen des Verkaufsgesprächs kommt der Beweisstufe besondere Bedeutung zu. Der Verkäufer sollte in dieser Phase den Kunden von den Produktvorteilen überzeugen.

Kritik:

Beide Ansätze gehören zum verkäuferischen Allgemeinwissen, sind jedoch sehr global gehalten. Die Kritikpunkte der AIDA-Formel sind auch hier zu bemängeln.

Bei der **BEDAZA**-Formel handelt es sich um eine modernere Formel,[102] welche primär auf die Sicht des Verkäufers zielt:

B – Begrüßung (Der Verkäufer begrüßt den Kunden),

E – Ermittlung (Mittels Fragen ermittelt der Verkäufer den Bedarf des Kunden),

---

101 Vgl.: Pepels (2007b), After Sales Service. Geschäftsbeziehungen profitabel steigern, Düsseldorf, S. 11.
102 Vgl.: Brons-Albert (1995), Auswirkungen von Kommunikationstraining auf das Gesprächsverhalten, 1. Auflage, S. 22.

D – Demonstration der Ware (Präsentation der relevanten Ware),

A – Argumentation (Der Verkäufer leitet den Kunden zur verbindlichen Kaufzusage durch Kundenbezogene Argumentation),

Z – Zusatzverkauf (Der Verkäufer bietet ergänzende Ware an),

A – Abschluss (Der Verkäufer „wickelt den Verkauf ab).

Kritik:

Auch bei dieser Formel endet der Verkaufsvorgang beim Abschluss. Die Kritikpunkte entsprechen jenen der AIDA und DIBABA-Formel. Auffallend bei diesem Modell ist, dass die Begrüßung als Extrapunkt gesehen wird, jedoch nicht die Verabschiedung des Kunden.

Die **VERKAUFSPLAN**-Formel hingegen umfasst weitaus mehr Phasen als die bisher vorgestellten Formeln:[103]

V – Vorplanung (VORBEREITUNGSPHASE),

E – Erfassung der Grunddaten,

R – Referenzinventur,

K – Kontaktaufnahme (ERÖFFNUNGSPHASE),

A – Appell an die Motivation,

U – Untersuchung der Bedarfslage,

F – Fassung des Angebotes (ANGEBOTSPHASE),

S – Spezifische Vorteile,

P – Prüfung der Argumente,

L – Liquidierung der Einwände (ABSCHLUSSPHASE),

---

[103] Aumer; Leyking (2006), Realisierung eines kompetenzbasierten Weiterbildungsmanagements für dezentrale Vertriebsorganisationen. In: Zeitschrift für e-learning, Ausgabe: Februar 2006, S. 8.

A – Abschlussvorschlag,

N – Nachfassung.

Kritik:

Dieses Modell vernachlässigt, wie alle bereits aufgeführten Modelle, den Fahrstuhleffekt. Weitere Kritikpunkte sind nicht vorhanden.

Aus diesem Grund wird die optimale Verkaufsformel in Anlehnung an die Verkaufsplan-Formel, jedoch um den Fahrstuhleffekt bereinigt, bzw. um die Qualifizierungs- und Verteidigungsphase ergänzt:

Abbildung 6: Geschäftsphasenformel

Verkaufsprozess	Geschäftsphasen	
Definition smarter Zielvorgaben	Vorplanung	Kontaktphase
Identifizierungsphase	Erfassung der Grunddaten, Referenzinventur, Kontaktaufnahme, Appell an die Motivation, Untersuchung der Bedarfslage	
Qualifizierungsphase	Analyse der Kaufbeeinflusser	
Verteidigungsphase	Positionierung der Kaufbeeinflusser	
Erstellung und Übergabe des Angebots	Fassung des Angebotes	Aufbau und Hinstimmungsphase
Verhandlung	Spezifische Vorteile, Prüfung der Argumente, Liquidierung der Einwände	
Verkaufsabschluss	Abschlussvorschlag	Abschluss und Weiterführungsphase
Soll-Ist-Abgleich	Nachfassung	
Potentialanalyse		
Betreuung		

Quelle: Eigene Darstellung.

6.2. Kommunikation

„Aus vielen Worten entspringt ebensoviel Gelegenheit
zum Missverständnis."[104]

William James

Um solche Missverständnisse im Rahmen des Verkaufsgespräches
auszumerzen, stellt dieses Kapitel die wichtigsten Erkenntnisse der
Kommunikation dar.

Die Kommunikation ist eine soziale Interaktion und beschreibt somit
ein aufeinander bezogenes Handeln.[105] Im Rahmen dieser Interaktion
sind sich Menschen der Vieldeutigkeit kaum bewusst. Wird jedoch
verstanden wie Kommunikation funktioniert, kann Missverständnis-
sen vorgebeugt werden. Die einfachste Definition des Begriffes Kommunikation lautet:

„Kommunikation ist der Prozess der Informationsübertragung."[106]

Diese Definition geht auf das Kommunikationsmodell (Abbildung 7)
von Shannon und Weaver (1948) zurück.[107] Dieses Modell wurde für
die amerikanische Armee konzipiert und ist bis heute eines der ergie-
bigsten Modelle für die Beschreibung der Kommunikation und ihrer
Probleme.

---

[104] AG, VNR Verlag für die Deutsche Wirtschaft (2010a), abgerufen am:
09.11.2009.
[105] Vgl.: Jäggi; Portmann (2008), Kommunikation in Marketing und Verkauf,
Norderstedt, S. 11.
[106] Jäggi; Portmann (2008), Kommunikation in Marketing und Verkauf, Norderstedt, S. 11.; mit Verweis auf Werner; Fuchs; Heinritz (1994),
[107] Vgl.: Jäggi; Portmann (2008), Kommunikation in Marketing und Verkauf,
Norderstedt, S. 11.

Abbildung 7:   Einfaches Kommunikationsmodell

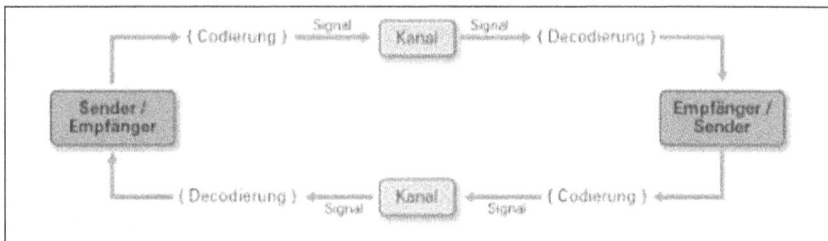

Quelle: Jäggi; Portmann (2008), Kommunikation in Marketing und Verkauf,
          Norderstedt, S. 11.

Hierbei sendet der Sender dem Empfänger eine Nachricht. Diese wird
in Signale verschlüsselt. Unter Signalen wird hierbei die codierte
Nachricht in Form von Zeichen, Worten und Symbolen verstanden.
Die Wahrnehmung der Signale erfolgt über die Sinnesorgane (Augen,
Ohren, Haut etc.) Versandt wird das Signal über den Kanal. Der Kanal
ist das Medium, wie z.B. Fernseher, Telefon, Buch oder Bild. In der sozialen Interaktion werden Signale meist verbal oder nonverbal über
den Körper vermittelt. Zuletzt werden die verschlüsselten Signale
wieder vom Empfänger decodiert (entschlüsselt).

Ähnlich verhält sich das Verständnis des Begriffes Kommunikation in
der Psychologie.[108] Kommunikation wird auch hier als Signalübertragung zwischen Sender und Empfänger verstanden. Ergänzend wird
hinzugefügt, dass diese Signalübertragung gewissen Störungen (Rau-
schen) unterliegen kann und mit einer Zeitkomponente versehen ist.

Auch das folgende Modell (Abbildung 8) des „Verkaufsgespräches"
knüpft an dieses Verständnis an.[109] Das Verkaufsgespräch wird als
Austausch von objektiv messbaren Informationen gesehen. Durch Feh-

---

[108]   Vgl.: Tewes; Wildgrube (1999), Psychologie-Lexikon, 2. Auflage, S. 205.
[109]   Vgl.: Nerdinger (2001), Psychologie des persönlichen Verkaufs, 1. Auflage,
        München/Wien, S. 196ff.

ler beim Kodieren[110] und Dekodieren oder durch Fehler auf dem Übertragungsweg kann bei der Übermittlung der Information eine Störung auftreten. Um diese Fehler im Verkaufsgespräch zu vermeiden, werden in Verkaufstrainings spezielle Methoden geschult, wie z.B. der Einsatz von Bildern, durch die der Verkäufer eine bessere Verkaufsbotschaft übermitteln kann.

Abbildung 8: **Signalübertragungsmodell nach Thomas Nerdinger**

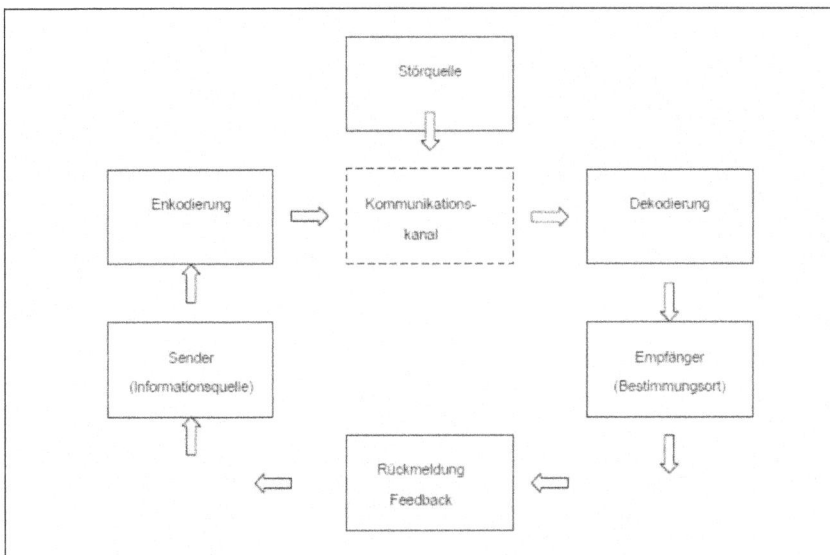

Quelle: Nerdinger (2001), Psychologie des persönlichen Verkaufs, 1. Auflage, München/Wien, S. 196ff.

Das populärste Modell der Kommunikation stammt von Schulz von Thun (1999).[111]

---

110   Auch Enkodieren genannt.
111   Vgl.: Spieß (2005), Wirtschaftspsychologie, 1. Auflage, S. 91; mit Verweis auf: Schulz von Thun (1999).

Abbildung 9:   Das Kommunikationsmodell von Schulz von Thun

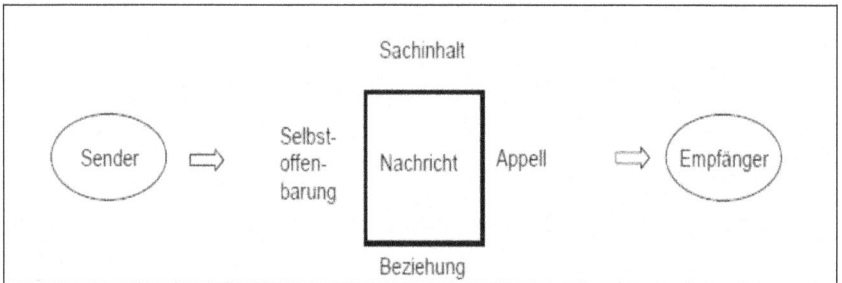

Sachinhalt

Sender ⇨ Selbst-offen-barung Nachricht Appell ⇨ Empfänger

Beziehung

Quelle: Spieß (2005), Wirtschaftspsychologie, 1. Auflage, S. 91; mit Verweis auf: Schulz von Thun (1999).

Dieses Modell hält vier Aspekte der Kommunikation fest (Abbildung 9). Eine Nachricht kann grundsätzlich einen Inhalts- und einen Beziehungsaspekt beinhalten, zusätzlich kann eine Botschaft noch einen Appell- oder Selbstoffenbarungscharakter aufweisen.

Wird das Modell auf die Verkäufer-Käufer-Interaktion übertragen, entsteht folgendes Bild:

Abbildung 10:   Die vier Seiten einer Nachricht nach Neuberger

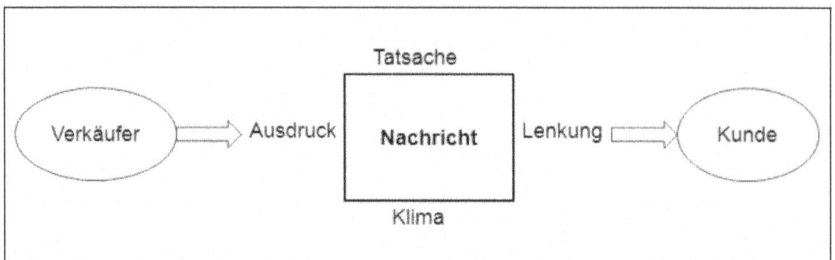

Tatsache

Verkäufer ⇨ Ausdruck **Nachricht** Lenkung ⇨ Kunde

Klima

Quelle: In Anlehnung an Nerdinger (2005), Kundenorientierung- Praxis der Personalpsychologie, 1. Auflage, Göttingen/Toronto/Bern/Seattle, S. 20.

Es handelt sich in dieser Abbildung um ein persönliches Verkaufsgespräch. Entsprechend Abbildung 6 ist der Verkäufer der Sender und der Kunde der Empfänger der Nachricht. Diese Nachricht kann in vier verschiedenen Bedeutungen gesendet und empfangen werden.[112] Diese vier Bedeutungen lassen sich mit dem Merkwort **TALK** abkürzen:

Tatsache *(beschreibt den Inhalt einer Nachricht)*

Ausdruck *(ist die Illustration der Befindlichkeit des Verkäufers)*

Lenkung *(ist der Versuch das Verhalten des Kunden zu steuern)*

Klima *(verdeutlicht die Beziehung zwischen Verkäufer und Kunden)*

Greifbarer wird diese Ausführung mit Hilfe eines Beispiels:

Ein Verkäufer sagt zu seinem Kunden: „Für Sie mache ich einen besonders günstigen Preis". Beim Empfänger, dem Kunden, kann diese Aussage auf vier verschiedene Weisen ankommen:

1. Tatsache: „das Produkt bzw. der Preis ist günstig"
2. Ausdruck: „Der Verkäufer verhält sich großzügig gegenüber meiner Person"
3. Lenkung: „Der Verkäufer drängt auf einen Abschluss zu seinen Bedingungen"
4. Klima: „Wegen unserer guten Beziehung kommt mir der Verkäufer entgegen"

Mit ein und demselben Satz kann der Verkäufer sehr unterschiedliche Bedeutungen vermitteln. Anhand einer empirischen Erhebung konnte festgestellt werden, dass die Mehrheit der Kunden (53 Prozent) die Aussage als Lenkung verstehen würde. Die Ursache hierfür ist im Misstrauen gegenüber den Verkäufern begründet. Der Kunde bezweifelt das kundenorientierende Handeln des Gegenübers und unterstellt ihm, lediglich am Verkaufsabschluss zu eigenen Bedingungen interessiert zu sein. Die Lösung dieser Problematik, die wahrhaftig ein Problem für den Verkäufer darstellt, erfolgt im nächsten Kapitel „verbale Kommunikation".

---

[112] Vgl.: Nerdinger (2005), Kundenorientierung- Praxis der Personalpsychologie, 1. Auflage, Göttingen/Toronto/Bern/Seattle, S. 20f.

6.2.1. Verbale Kommunikation

„Dass jede Nachricht ein ganzes Paket mit vielen Botschaften ist, macht den Vorgang der zwischenmenschli-
chen Kommunikation so kompliziert und störanfällig,
aber auch so anregend und spannend."

Friedrich Schulz von Thun

Die Kommunikation zwischen Käufer und Verkäufer findet auf zwei
vollkommen unterschiedlichen Ebenen statt.[113] Zum einen geschieht
dies auf der verbalen Ebene und zum andern auf der nonverbalen E-
bene. Dennoch ist, wie auch das Kapitel 6.2 verdeutlicht, eine eindeuti-
ge Abgrenzung zwischen sprachlicher und nichtsprachlicher Kommunikation uneinheitlich. Wie die Modelle von Schulz von Thun, Maslow
oder Nerdinger zeigen, fließen im Rahmen der Anwendung beide E-
lemente ineinander. Dies ist nicht verwunderlich,[114] da verbale und
nonverbale Kommunikation als Verständigungssysteme nebeneinan-
der existieren. Die verbale Kommunikation umfasst das Sprechen und
Verstehen verbaler Äußerungen von Menschen. Sie findet nur zu einem geringen Teil bewusst statt. Menschen verwenden Wörter und
bewegen ihre Zunge und Lippen automatisch. Dies lässt erahnen wie
schwer es ist, als Verkäufer die absolute Kontrolle über die verbale
Kommunikation zu behalten und zusätzlich noch ein strategisches Ge-
sprächsziel zu verfolgen.

---

[113] Vgl.: Becker (2004), Verkaufspsychologie-Theoretische Grundlagen und praktische Anwendungen, 3. Auflage, München, S. 8; mit Verweis auf: Klammer
(1989); Bänsch (1990).
[114] Vgl.: Görgen (2005), Kommunikationspsychologie in der Wirtschaftspraxis, 1.
Auflage, München/Wien, S. 17ff.

Das Verkaufsgespräch mit dem Kunden dient der möglichst effizienten Abstimmung.[115] Der Verkäufer und der potentielle Kunde tauschen Nachrichten aus mit dem primären Ziel, ein Problem des Kunden zu lösen. Der Fokus liegt auf den Bedürfnissen des Kunden.[116] Die Zeiten des trickreichen Verkäufers, der mit viel Überredungskunst einen Verkaufsabschluss erzielt, sind vorbei. Wo ehemalig der schnelle Gewinn und die kurzfristige Provisionsjagd im Mittelpunkt standen, geht es heute darum den Kunden langfristig an sich zu binden. Kundenbindung ist für den Verkäufer aus betriebswirtschaftlichen Gründen weitaus sinnvoller und ökonomischer als der schnelle einmalige Abschluss, da die Gewinnung eines neuen Kunden im Durchschnitt fünfmal teurer ist als die Bindung alter Kunden. Daher gilt es, eine Win-Win-Situation für beide Parteien zu schaffen. Kundenorientiertes Verhalten setzt jedoch voraus,[117] dass der Verkäufer ein Gespräch angemessen führen kann. Diese Voraussetzung scheint zunächst einfach, stellt sich jedoch bei näherer Betrachtung als komplex dar. Wie im vorangegangen Kapitel näher erläutert wurde, kann eine Nachricht dem Kunden mit vier verschiedenen Bedeutungen vermittelt werden. Da der Kunde hinter einer Aussage über die Beziehung der beiden Parteien einen Lenkungsversuch versteht, gilt es zu eruieren, wie es der Verkäufer schafft, seine Nachricht so zu vermitteln, dass die Nachricht als Tatsache oder Ausdruck empfangen wird (siehe Abbildung 10). Laut Langer,[118] Schulz von Thun und Tausch gliedert sich die Verständlichkeit von Nachrichten bzw. Texten in vier Dimensionen:

---

[115] Vgl.: Nerdinger (2005), Kundenorientierung- Praxis der Personalpsychologie, 1. Auflage, Göttingen/Toronto/Bern/Seattle, S. 20.

[116] Vgl.: Mohr (2002), 30 Minuten für erfolgreiches Verkaufen, 1. Auflage, Offenbach, S. 9ff.

[117] Vgl.: Nerdinger (2005), Kundenorientierung- Praxis der Personalpsychologie, 1. Auflage, Göttingen/Toronto/Bern/Seattle, S. 20ff.

[118] Vgl.: Bänsch (1993), Verkaufspsychologie und Verkaufstechnik, 5. Auflage, S. 7f.; sowie: Nerdinger (2005), Kundenorientierung- Praxis der Personalpsychologie, 1. Auflage, Göttingen/Toronto/Bern/Seattle, S. 22ff.

1. **Einfachheit,**
2. **Gliederung und Ordnung,**
3. **Kürze und Prägnanz,**
4. **Zusätzliche Stimulanz.**

Die **Einfachheit** bezieht sich auf den Satzbau und die Wortwahl. Der Verkäufer sollte mit dem Kunden möglichst verständlich reden. Das bedeutet, dass er sich wenn möglich auf das Sprachniveau des Kunden einstellen muss. Auch bei komplizierten Sachverhalten ist eine Einfachheit zu realisieren:

Abbildung 11:   Einfachheit

Einfachheit:	Kompliziertheit:
einfache Darstellung	komplizierte Darstellung
kurze, einfache Sätze	lange verschachtelte Sätze
geläufige Wörter	ungeläufige Wörter
Fachwörter erklärt	Fachwörter nicht erklärt
Konkret	abstrakt
Anschaulich	unanschaulich

Quelle: In Anlehnung an Bänsch (1993), Verkaufspsychologie und Verkaufstechnik, 5. Auflage, S. 8.

Gliederung und Ordnung bedingt zum Einen den folgerichtigen Bezug der einzelnen Sätze und sorgt zum Anderen für den roten Faden innerhalb eines Satzes.[119] Gliederung und Ordnung bedeuten somit für den Verkäufer, dass er längere Aussagen in sich gliedert und den roten Faden der Aussage nicht verliert. Zur Verdeutlichung stellt Abbildung 12 eine Gegenüberstellung dar:

---

[119]   Vgl.: Bänsch (1993), Verkaufspsychologie und Verkaufstechnik, 5. Auflage, S. 7f.; sowie: Nerdinger (2005), Kundenorientierung- Praxis der Personalpsychologie, 1. Auflage, Göttingen/Toronto/Bern/Seattle, S. 22ff.

Abbildung 12: **Gliederung und Ordnung**

Gliederung und Ordnung	Ungegliedertheit und Zusammenhanglosigkeit
gegliedert	ungegliedert
folgerichtig	zusammenhanglos, wirr
übersichtlich	unübersichtlich
gute Unterscheidung von Wesentlichem und Unwesentlichem	schlechte Unterscheidung von Wesentlichem und Unwesentlichem
der rote Faden bleibt sichtbar	man verliert oft den roten Faden
alles kommt schön der Reihe nach	alles geht durcheinander

Quelle: In Anlehnung an Bänsch (1993), Verkaufspsychologie und Verkaufstechnik, 5. Auflage, S. 8.

Kürze und Prägnanz beschreibt das Verhältnis zwischen dem sprachlichen Aufwand und dem Informationsziel.[120] Diese Dimension ist erfüllt, wenn auf nicht notwendige Einzelheiten und Füllwörter oder Phrase verzichtet wird. Dies bedeutet für den Verkäufer im Kundegespräch, sich auf einfache, kurze Sätze mit dem wesentlichen Inhalt zu beschränken. Den Gegenpol zu Kürze und Prägnanz stellt die Weitschweifigkeit dar, welche dieser Dimension in Abbildung 13 gegenübergestellt ist:

---

[120]   Vgl.: Bänsch (1993), Verkaufspsychologie und Verkaufstechnik, 5. Auflage, S. 7f.; sowie: Nerdinger (2005), Kundenorientierung- Praxis der Personalpsychologie, 1. Auflage, Göttingen/Toronto/Bern/Seattle, S. 22ff.

Abbildung 13:   Kürze und Prägnanz

Kürze und Prägnanz	Weitschweifigkeit
kurz	zu lang
aufs Wesentliche beschränkt	viel Unwesentliches
gedrängt	breit
aufs Lehrziel konzentriert	abschweifend
knapp	ausführlich
jedes Wort ist notwendig	vieles hätte man weglassen können

Quelle: In Anlehnung an Bänsch (1993), Verkaufspsychologie und Verkaufstechnik, 5. Auflage, S. 8.

Mit **zusätzliche Stimulanz** sind alle Maßnahmen angesprochen,[121] welche das Interesse und die Aufmerksamkeit des Kunden anregen. Dies geschieht unter anderem über Reizwörter, Humor, rhetorische Fragen und Bildmaterial. Entsprechend ergibt sich zu dieser Dimension folgende Gegenüberstellung:

Abbildung 14: Zusätzliche Stimulation

Zusätzliche Stimulanz	Keine zusätzliche Stimulanz
anregend	nüchtern
interessant	farblos
abwechslungsreich	gleichbleibend neutral
persönlich	unpersönlich

Quelle: In Anlehnung an Bänsch (1993), Verkaufspsychologie und Verkaufstechnik, 5. Auflage, S. 8.

---

[121]   Vgl.: Bänsch (1993), Verkaufspsychologie und Verkaufstechnik, 5. Auflage, S. 7f.; sowie: Nerdinger (2005), Kundenorientierung- Praxis der Personalpsychologie, 1. Auflage, Göttingen/Toronto/Bern/Seattle, S. 22ff.

Nerdinger ergänzt dies noch durch die Dimension des aktiven Zuhörens.[122] Spricht der Kunde, muss der Verkäufer aktiv zuhören. So beschrieb der deutsche Unternehmer Wilhelm Becker (Geschäftsführer Auto Becker) den Mehrwert des aktiven Zuhörens folgendermaßen:

„Einer meiner langjährigen Verkäufer hat einmal das Geheimnis seines Erfolges entschleiert: Man muss den Kunden reden lassen und ein guter Zuhörer sein."[123]

Mit aktivem Zuhören drückt der Verkäufer das Interesse nonverbal und verbal aus und ist in der Lage konzentriert die vom Kunden übermittelten Informationen aufzunehmen.

Abbildung 15:   Regeln aktiven Zuhörens

Regeln aktiven Zuhörens sind:
- Blickkontakt halten; - Körperhaltung dem Kunden zugewandt; - Den Kunden verstärken (durch Kopfnicken, zustimmende Laute); - Den Kunden ausreden lassen, nicht unterbrechen; - Rückfragen zu den Aussagen des Kunden stellen; - Seine Aussagen nicht bewerten; - Die Aussagen zusammen fassen; - Gesprächspausen aushalten, damit der Kunde Zeit hat, nachzudenken und seine Gedanken offen zu legen.

Quelle: In Anlehnung an Nerdinger (2005), Kundenorientierung- Praxis der Personalpsychologie, 1. Auflage, Göttingen/Toronto/Bern/Seattle, S. 22.

---

[122]   Vgl.: Nerdinger (2005), Kundenorientierung- Praxis der Personalpsychologie, 1. Auflage, Göttingen/Toronto/Bern/Seattle, S. 22.
[123]   AG, VNR Verlag für die Deutsche Wirtschaft (2010c), abgerufen am: 23.12.2009.

Sind all diese Dimensionen erfüllt,[124] gelingt es dem Verkäufer, dem Kunden eine Nachricht zu vermitteln, die nicht über die Beziehungsebene geht, sondern als gewünschte Deutungsebene empfangen wird: die Bedeutung Tatsache[125] (siehe Kapitel 6.2). Um jedoch die Nachricht als Ausdruck zu vermitteln, muss sich der Verkäufer der nonverbalen Kommunikation bedienen. Dies wird im nächsten Kapitel genauer dargestellt.

6.2.2. Nonverbale Kommunikation

„Man kann nicht nicht kommunizieren."[126]

Paul Watzlawick

Mit diesem Ausspruch drückt Watzlawick aus, dass neben der verbalen Kommunikation die nonverbale Kommunikation zur Informationsübermittlung dient. Sie ist die persönliche Kommunikation oder Massenkommunikation,[127] die sich nicht auf sprachliche Informationsübertragung stützt. Sie kann auch als Metakommunikation verstanden werden, denn die nonverbale Kommunikation bestimmt, wie die verbale Kommunikation aufgefasst wird. Verglichen mit der verbalen Kommunikation ist die nonverbale Kommunikation meist unstrukturierter und weniger gut steuerbar.[128] Jedoch erfolgt der überwiegende Teil der Kommunikation nonverbal.[129] Aus diesem Grund ist dieser

---

124   Vgl.: Nerdinger (2005), Kundenorientierung- Praxis der Personalpsychologie, 1. Auflage, Göttingen/Toronto/Bern/Seattle, S. 22.
125   Tatsache beschreibt den Inhalt einer Nachricht.
126   Watzlawick; Beavin; Jackson (1993), Menschliche Kommunikation, Formen, Störungen, Paradoxien, 8. Auflage, S. 53.
127   Vgl.: Becker (2004), Verkaufspsychologie-Theoretische Grundlagen und praktische Anwendungen, 3. Auflage, München, S. 59; mit Verweis auf: Weinberg (1986).
128   Vgl.: Görgen (2005), Kommunikationspsychologie in der Wirtschaftspraxis, 1. Auflage, München/Wien, S. 18.
129   Vgl.: Pepels (2002), Grundlagen Vertrieb, 1. Auflage, München/Wien, S. 107.

Part der Kommunikation gerade im persönlichen Verkaufsgespräch nicht hoch genug einzuschätzen.

Schon in den ersten Momenten des Aufeinandertreffens von Verkäufer und potentiellen Kunden entsteht, mittels nonverbaler Kommunikation, ein erster Eindruck des Kommunikationspartners. Laut einer amerikanischen Studie ist der erste Eindruck zu 93 Prozent nonverbal,[130] somit vom Gefühl bestimmt und entsteht in den ersten 10 Sekunden. Dieser erste Eindruck muss nicht der Richtige sein, kann aber der bestimmende sein.

Im persönlichen Verkauf ist als nonverbale Kommunikation nicht nur die Gestik und Körperhaltung des Verkäufers zu verstehen,[131] sondern ebenso Kleidung, Verkaufsobjekte, Möblierung, Größe des Verkaufsraums, Landschaft und Klima. Hierbei kann nach persönlichen und situativen Elementen unterschieden werden.[132] Die persönliche Ebene umfasst nach Pepels die Gestik, Kopfhaltung, Blickrichtung, Mimik, Kleidung, Ausstattungen, die situative Ebene hingegen beinhaltet soziale Distanzen, Raumlage, Raumgröße, Raumeinrichtung, Zeitbudget und Vor-und Nachbereitung. Dabei ist laut Bänsch und Weinberg die persönliche Ebene für den Verkäufer von Bedeutung.[133]

In diesem Rahmen kommt insbesondere der Körperhaltung, der Körperbewegung, speziell dem Gesichtsausdruck, der Kleidung, Aufmachung, Blickrichtung und dem Blickkontakt besondere Bedeutung zu. Mittels Haltung, Gestik und Gesichtsausdruck lässt sich eine sprachliche Äußerung unterstreichen und auf Grund von Symbolbedeutungen

---

[130] Vgl.: Lüssen (2009), Selbstsicheres und exzellentes Auftreten-Zeitgemäße Umgangsformen, 1. Auflage, Norderstedt, S. 4ff.

[131] Vgl.: Bänsch (1993), Verkaufspsychologie und Verkaufstechnik, 5. Auflage, S. 11.

[132] Vgl.: Pepels (2007a), Vertriebsmanagement in Theorie und Praxis, 1. Auflage, München/Wien, S. 255.

[133] Vgl.: Bänsch (1993), Verkaufspsychologie und Verkaufstechnik, 5. Auflage, S. 59ff.; mit Verweis auf: Weinberg (1986),

der Körpersprache (z.B. nicken, lächeln etc.) sogar ersetzen. Werner Pepels, ebenso wie Walter Becker,[134] legt hier vor allem den Fokus auf Mimik und Gestik.[135] Er definiert Gestik als ein persönliches Element,[136] welches alle Signale der Körperhaltung, vor allem der Extremitäten, des Rumpfes und des Kopfes umfasst. Aus diesem persönlichen Element sind bei entsprechender Sensibilisierung Gemütszustände und Denkhaltungen ablesbar. Anders als beim gesprochenen Wort erfordert das Lügen mittels Gestik intensives Training.

„Bekannte Gesten und deren Interpretation sind folgende:

- Häufiges Abnehmen der Brille: Nervosität,

- Achselzucken: Ratlosigkeit,

- Arme vor der Brust verschränkt: Schutzhaltung, man ist nicht bereit, sich der Idee der Einstellung oder dem Gesagten des Gesprächspartners zu öffnen.

- Schnelles, gepresstes Ausatmen: innere Erregung,

- Begrüßung mit weit ausgestreckten Arm: Distanz, Ablehnung,

- Beine beim Sitzen parallel gestellt oder fest aneinander gedrückt: innere Anspannung, Verkrampfung, Angst,

- Beine um die Stuhlbeine geschlungen: innere Anspannung, Angst,

- Beine beim Sitzen breit auseinander: selbstbewusst, unbekümmert,

---

134 Vgl.: Becker (2004), Verkaufspsychologie-Theoretische Grundlagen und praktische Anwendungen, 3. Auflage, München, S. 59; mit Verweis auf Weinberg (1986).

135 Vgl.: Pepels (2007a), Vertriebsmanagement in Theorie und Praxis, 1. Auflage, München/Wien, S. 256ff.

136 Vgl.: Pepels (2007a), Vertriebsmanagement in Theorie und Praxis, 1. Auflage, München/Wien, S. 256ff.

- Finger zeigt auf die andere Person: Schuldzuweisung, Angriff,

- Mit den Fingern trommeln: Ungeduld, Nervosität,

- Auf den Fußspitzen stehen: Arroganz, Person möchte größer erscheinen als sie tatsächlich ist,

- Sich mit der Hand ins Haar fahren: innere Anspannung, Eitelkeit,

- Hand beim Sitzen unter die Oberschenkel geschoben: Unsicherheit, Angst,

- Hand umklammert die Armlehne des Stuhles: verkrampfte Haltung, Angst,

- Hand vor den Mund gehalten (beim Sprechen): das Gesagte soll zurückgenommen werden,

- Hand zur Faust geballt: Wut, Anspannung, Verdeutlichung des eigenen Standpunktes,

- Hände am Jackenrevers: Halt suchend, Unsicherheit,

- Hände in den Taschen: locker, unangebrachte Lässigkeit,

- Hände leicht angehoben: Unterbrechungsgeste,

- Hände reiben: selbstzufrieden, selbstgefällig,

- Weicher kraftloser Händedruck: Desinteresse, mangelnder Tatendrang, Unsicherheit,

- Kopf vom Gesprächspartner weggedreht: Desinteresse, um in Ruhe überlegen zu können,

- Oberkörper zurückgelehnt: Entspannung, Desinteresse,

- Schultern hochgezogen mit dem Zeigen leerer Hände: Ratlosigkeit und Demonstration der eigenen Machtlosigkeit,

- Sitzhaltung auf der Stuhlkante: Unsicherheit, Angst, jederzeit zur Flucht bereit,

- Sitzhaltung genüsslich zurückgelehnt: Selbstsicherheit bis Arroganz,

- Stirn hochgezogen mit Faltenbildung: Anspannung,

- Erhobene Zeigefinger: Belehrung, Rechthaberei."[137]

Die Mimik hingegen umfasst laut Pepels alle Signale des Gesichtsausdrucks, vor allem die Stellung der Augen, der Stirnfalten und des Mundes.[138] Der Mimik kommt besondere Bedeutung zu, da das Gesicht im Rahmen des Gesprächs als Fixpunkt gilt. Menschen sind sich ihrer Mimik selten bewusst, daher ist sie hilfreich, unverzerrte Hinweise zu erhalten.

„Bekannte Mimiken und deren Interpretationen sind:

- Augen weit offen: besondere Aufmerksamkeit, Aufnahmebereitschaft, Sympathie,

- Augen zugekniffen: Abwehrhaltung,

- Augenkontakt wird vermieden, Person schaut an die Wand oder aus dem Fenster: Desinteresse, Ende des Gesprächs.

- Augenbrauen geben: Erstaunen, Aufmerksamkeit,

- Blick in Richtung Boden: Niedergeschlagenheit, Mutlosigkeit, evtl. auch Überlegen,

- Blick in Richtung Decke: Nachdenken, Überdenken,

- Blick wandert über Person: Ab- und Einschätzung des Anderen,

- Häufiger Blickkontakt: Sympathie,

- Blickkontakt mit erweiterten Pupillen: Freude,

---

137 Pepels (2007a), Vertriebsmanagement in Theorie und Praxis, 1. Auflage, München/Wien, S. 256.
138 Vgl.: Pepels (2007a), Vertriebsmanagement in Theorie und Praxis, 1. Auflage, München/Wien, S. 257ff.

- Blickkontakt mit starrem Blick: feindselige Haltung,

- Lippen zusammenpressen: Anspannung, Reserviertheit, Verbohrtheit,

- An den Lippen kauen: Ratlosigkeit, Verlegenheit, Unsicherheit,

- Mundwinkel senken: Missbilligung, Abwertung,

- Stirnrunzeln: Zweifel, Nachdenklichkeit."[139]

Auch Nerdinger setzt bei der Betrachtung der nonverbalen Kommunikation den Fokus auf Mimik und Gestik.[140] Er sieht in der nonverbalen Kommunikation vor allem ein Instrument, welches es dem Verkäufer ermöglicht, eine Nachricht entsprechen Abbildung 7 (Kapitel 6.2) zu vermitteln, welche beim Kunden als Ausdruck[141] empfangen wird.[142] Er misst der Ebene des Ausdrucks besondere Bedeutung zu, handelt es sich hier doch um die Ebene, welche Bedürfnisse und Wünsche vermittelt.

Auf dieser Ebene muss der Verkäufer mit viel Sensibilität auf das Befinden des Kunden achten, um so adäquat seine Wünsche zu erkennen und zu erfüllen. Auf diese Art und Weise wird der Eindruck von Interesse und Einfühlung vermittelt, welche eine Zufriedenheit des Kunden sicher stellt. Während der verbalen Kommunikation muss darauf geachtet werden, dass die eigene Freude an der Arbeit mit dem Kunden erkennbar ist. Dieser Ausdruck von Freude wird durch nonverbale Kommunikation erreicht und unterstreicht die verbale Kommunikation. Freundlichkeit, Interesse und Einfühlung werden vor allem der Mimik entnommen. Sie kann gezielt im Verkaufsgespräch eingesetzt

---

[139] Vgl.: Pepels (2007a), Vertriebsmanagement in Theorie und Praxis, 1. Auflage, München/Wien, S. 257ff.

[140] Vgl.: Nerdinger (2005), Kundenorientierung- Praxis der Personalpsychologie, 1. Auflage, Göttingen/Toronto/Bern/Seattle, S. 22ff

[141] Ausdruck ist die Illustration der Befindlichkeit des Verkäufers

[142] Siehe Seite 31f.

werden. Zum Beispiel bestätigt ein bewundernder Gesichtsausdruck den exquisiten Geschmack des Kunden oder ein Lächeln die Sympathie für den Kunden.

Abbildung 16:   Empfehlung für die Mimik

Empfehlungen für die Mimik
- *Lächeln* signalisiert Freundlichkeit und Sympathie nur dann, wenn die entsprechenden Gefühle erlebt werden. - *Stereotype Mimiken*, z.B. Augenblinzeln, Lippenknabbern etc. wirken ablenkend. - *Drohende Mimiken*, z.B. Zusammenbeißen der Zähne, Hochziehen der Augenbrauen etc., signalisieren Aggressivität und sollten unbedingt vermieden werden.

Quelle: In Anlehnung an Nerdinger (2005), Kundenorientierung- Praxis der Personalpsychologie, 1. Auflage, Göttingen – Toronto – Bern – Seattle, S. 28.

Die Gestik hingegen unterstützt das Gespräch. Inhaltlich ist sie zwar weniger aussagekräftig, aber vor allem die Gestik mittels der Hände kann das Verkaufsgespräch vielfältig unterstützen. Mit Hilfe der Handbewegungen kann so eine Verdeutlichung der Redestruktur, Betonung und Veranschaulichung der Aussage, Umrahmung der Aussage durch nonverbale Zusatzinformationen, Rückkoppelung vom und zum Zuhörer und die Signalisierung von Aufmerksamkeit und Zustimmung erfolgen.

Abbildung 17:   Empfehlungen für die Gestik

Empfehlungen für die Gestik
- Die *Gestik* muss mit der gesprochenen Botschaft übereinstimmen (nicht: „offen gesagt..." sagen und dabei die Arme verschränken). - *Verlegenheitsgesten*, wie z.b. Bleistift kauen, an das Brillengestell fassen etc., vermitteln Unsicherheit und sollten vermieden werden. - *Dominante Gesten*, wie z.b. mit dem Zeigefinder in die Luft stoßen, den Zeigefinger erheben, signalisieren Drohung und Abwehr und sollten daher vermieden werden. - Die *Hände* sollten nicht zu lange hinter dem Rücken versteckt werden, da sonst leicht der Eindruck von Verschlossenheit entsteht.

Quelle: In Anlehnung an Nerdinger (2005), Kundenorientierung- Praxis der Personalpsychologie, 1. Auflage, Göttingen – Toronto – Bern – Seattle, S. 29.

Selbst die Körpergröße ist laut Bänsch ein Element der nonverbalen Kommunikation.[143] Verfügt der Verkäufer über eine größere Statur als der potentielle Käufer, kann dies zu Belastungen des Verkaufsgesprächs führen. Aus diesem Wissen heraus sollte sich der Verkäufer durch Verkleinerung (Bücken, Neigen des Körpers oder Wahl tieferer Sitzgelegenheit) an den potentiellen Käufer anpassen, um ihm damit trotz körperlicher Unterlegenheit Dominanzgefühle zu erlauben. Ist der Verkäufer hingegen von geringerer Statur als der potentielle Käufer und möchte Dominanz ausüben,[144] legt er seine Hände auf den Rücken, hält sein Kinn hoch und zeigt damit, dass er auf den anderen herab schaut, auch wenn es auf Grund seiner Körpergröße eigentlich

---

[143]   Vgl.: Bänsch (1993), Verkaufspsychologie und Verkaufstechnik, 5. Auflage, S. 59ff.; mit Verweis auf: Weinberg (1986).
[144]   Vgl.: Lüssen (2009), Selbstsicheres und exzellentes Auftreten-Zeitgemäße Umgangsformen, 1. Auflage, Norderstedt, S. 6.

nicht möglich ist (Diese Körperhaltung ist sehr stark beim Militär zu beobachten).

6.3. Kognitive Dissonanz und psychologische Reaktanz

Das letzte Kapitel hat verdeutlicht, wie elementar die Kommunikation im Verkauf ist. Diese kann Störungen unterliegen, welche das Verkaufsgespräch nicht im erwünschten Abschluss münden lässt. Um dies zu vermeiden, werden in diesem Kapitel die Theorien der kognitiven Dissonanz und die psychologische Reaktanz vorgestellt.

Kognitive Dissonanz oder: wofür der Empfänger nicht „empfänglich" ist:[145]

Die Theorie der kognitiven Dissonanz von Festinger (1957) erklärt,[146] weshalb Menschen bestrebt sind, ein möglichst harmonisches Bild von der Wirklichkeit zu konstruieren. Diese Theorie wird den Konsistenztheorien zugeordnet und bezieht sich auf wahrnehmenspsychologische Erkenntnisse im kognitiven Bereich.[147]

Kognition bedeutet in diesem Zusammenhang: Gedanken, Vorstellungen, Meinungen, Einstellungen und ähnliches. Passen kognitive Elemente nicht zusammen, spricht Festinger von einer dissonanten Relation. Eine dissonante Relation wäre z. B.: „Ich trinke auf dieser Feier gern ein paar Gläser Wein" und „Ich muss noch mit dem Auto zu einem Kunden fahren". Dissonante Relationen beschreiben einen Spannungszustand, der von dem Betroffenen als unangenehm empfunden wird. Erreicht diese Spannung einen gewissen Grad, werden automatisch Vorgänge ausgelöst um diesen Spannungszustand abzubauen.

---

145 Vgl.: Fittkau; Müller-Wolf; Schulz von Thun (1994), Kommunizieren lernen (und umlernen), 7. Auflage, Aachen-Hahn, S. 71.
146 Vgl.: Frindte (2001), Einführung in die Kommunikationspsychologie, 1. Auflage, Weinheim, Basel, S. 71f.
147 Vgl.: Görgen (2005), Kommunikationspsychologie in der Wirtschaftspraxis, 1. Auflage, München, Wien, S. 67ff.

Festinger nennt vier typische Situationen, die diesen Spannungszustand auslösen und somit mit Störungen im Kommunikationsprozess einhergehen. Da das wichtigste Element im persönlichen Verkauf die Kommunikation darstellt, sind diese vier Situationen näher zu betrachten:

1. Vorläufige und endgültige Entscheidungen (Postdecisional Dissonance)

   Werden in einem Verkaufsgespräch Entscheidungen angesprochen, können nach den getroffenen Entscheidungen psychologische Spannungszustände entstehen. Dies tritt besonders dann auf, wenn eine Auswahl von mehreren Alternativen gegeben ist. Enthalten gewählte Alternativen negative Aspekte und nicht gewählte Alternativen positive Aspekte, entsteht Dissonanz. Daraus kann der sogenannte „Spreading Apart"-Effekt entstehen: der Kunde bewertet die gewählte Alternative plötzlich negativ, da die positiven Aspekte der nicht gewählten Alternative in den Vordergrund rücken, gleiches geschieht mit den negativen Aspekten der gewählten Alternative.

2. Forcierte Einwilligung (Forced Compliance)

   Wird im Verkaufsgespräch von einer der beiden Parteien Verhaltensweisen kommuniziert, welche im Widerspruch zu den eigenen Erfahrungen, Werten oder Einstellungen stehen, entsteht auch hier kognitive Dissonanz. Forcierte Einwilligung entsteht ebenso, wenn der Verkäufer einem Kunden gegenüber freundlich sein muss, den er als unsympathisch empfindet.

3. Selektive Auswahl von neuen Informationen (Selective Exposure)

   Hat der Kunde eine Kaufentscheidung getroffen, neigt er dazu, diese zusätzlich mit Informationen abzusichern. Je größer die kognitive Dissonanz ist, desto größer sind die Bemühungen der

Informationssuche des Kunden. Bei extremer Dissonanz dient die gezielte Suche sogar dazu, Rechtfertigungsgründe für die Revision seiner Entscheidung zu finden.

4. Dissonanz durch Einstellungsänderung und soziale Unterstützung (Social Support)

   Kognitive Dissonanz entsteht ebenso beim Kunden, wenn im Rahmen einer Interaktion und Kommunikation andere Menschen die eigene Wahl nicht bestätigen können bzw. anderer Meinung sind. Im Geschäftskundenvertrieb kann dies z. B. die Führungskraft sein, die die Auswahl des Produktes in Frage stellt. Umgekehrt kann eine Bestätigung der Selektion zu einem Abbau der Dissonanz führen.

Abschließend führt Abbildung 18 nochmals die verschiedenen Kausalitäten auf, die zu kognitiver Dissonanz führen können:

Abbildung 18:   Entstehung kognitiver Dissonanz

ENTSTEHUNG
* nach Kaufentscheidungen, Teilentscheidungen°, auch bei Nicht-Kauf   * nach Überredungskäufen (Kaufdruck)   * nach dissonanten Informationen über das Kaufobjekt   * nach Missbilligung oder Abwertung des Kaufes durch die Bezugsgruppe
° *Kognitive Dissonanz kann schon während des Entscheidungsprozesses entstehen, d.h. vor der Kaufentscheidung (z.B. in der Bewertungsphase der Alternativen)*

Quelle: Becker (2004), Verkaufspsychologie. Theoretische Grundlagen und praktische Anwendungen, 3. Auflage, München, S. 23.

Wie es dem Verkäufer gelingt, kognitive Dissonanz zu vermeiden, stellt Abbildung 19 dar:

Abbildung 19:   Vermeidungsstrategien zur kognitiven Dissonanz

VERMEIDUNG

* Bestätigende Schlussformel im Verkaufsgespräch

* Entscheidungsbekräftigung im Gebrauchsanleitungen und
  Nachkaufwerbung

* Auslösung von Dissonanzen bei Konkurrenzprodukten oder
  bei Nicht-Kauf

Quelle: Becker (2004), Verkaufspsychologie. Theoretische Grundlagen und praktische Anwendungen, 3. Auflage, München, S. 26.

Hinsichtlich der Theorie kognitiver Dissonanz wird deutlich, warum es essentiell ist, im Verkaufsprozess auf die von Winkelmann und Ackerschott beschriebene Identifizierungs-, Qualifizierungs-, und Verteidigungsphase zu achten. Hat sich der Verkäufer mit allen Entscheidungsträgern des Kundenunternehmens auseinandergesetzt, ist eine Missbilligung oder Abwertung des Kaufes seiner Bezugsgruppe nicht möglich, da sich der Verkäufer von Anfang an richtig positioniert und alle Entscheidungsträger miteinbezogen hat. Somit kann der von Ackerschott beschriebene Fahrstuhleffekt umgangen werden.

Psychologische Reaktanz

Die Theorie der psychologischen Reaktanz von Brehm (1966) ist eine spezielle Kontrolltheorie bzw. eine Theorie des eingetretenen oder befürchteten Kontrollverlustes.[148] Reaktanz entsteht durch die Bedrohung

---

[148]   Vgl.: Becker (2004), Verkaufspsychologie-Theoretische Grundlagen und praktische Anwendungen, 3. Auflage, München, S. 26; sowie: Wiswede (2007), Einführung in die Wirtschaftspsychologie, 4. Auflage, S. 89.

der Freiheit einer Person hinsichtlich ihrer Verhaltensweise. Die einge-
engte Person wird dadurch in einen motivationalen Zustand versetzt:
sie versucht, die ursprüngliche Freiheit wieder herzustellen. Im Verkaufsgespräch bedeutet dies, [149] dass der Verkäufer versucht, Einfluss
auf den Kunden zu nehmen.

Wird diese Einflussnahme vom Kunden registriert und als unangenehm empfunden, reagiert er mit einer Abwehrhaltung. Diese Haltung
des Kunden resultiert aus einem unangenehmen Gefühl: einem Erleben eines Freiheitsverlustes. Gegenstand der bedrohten Freiheit können nicht nur das Verhalten, sondern ebenso Meinungen und Einstellungen sein. Wie es dem Verkäufer gelingt, diese, für das Verkaufsgespräch nicht förderliche Reaktanz abzubauen, erläutert Abbildung 20.

Abbildung 20: **Reaktionen auf psychologische Reaktanz**

REAKTIONEN
* Abbau durch offenes Verhalten (Handeln), z.B. Verlassen der Situation oder Realisation des unterdrückten Verhaltens
* Abbau durch verdecktes Verhalten (Denken), z.B. Umbewertung oder Abwertung der eingeschränkten Verhaltensmöglichkeit

Quelle: Becker (2004), Verkaufspsychologie. Theoretische Grundlagen und
praktische Anwendungen, 3. Auflage, München, S. 27.

Viel erstrebenswerter scheint es doch für den Verkäufer, psychologische Reaktanz erst gar nicht entstehen zu lassen. Wie dies zu gewährleisten ist, erläutert Abbildung 21.

---

[149] Vgl.: Görgen (2005), Kommunikationspsychologie in der Wirtschaftspraxis, 1.
Auflage, München/Wien, S. 69.

Abbildung 21: **Vermeidungsstrategien zur psychologischen Reaktanz**

VERMEIDUNG
* Vermeidung von aggressivem Verkaufs- oder Werbestil * Erhöhung der Glaubwürdigkeit (Kompetenzvermutung) * Anknüpfen an sozial akzeptierte Normen * Ablenkung von der Beeinflussungsabsicht * Anwendung emotionaler, statt kognitiver Sozialtechniken

Quelle: Becker (2004), Verkaufspsychologie. Theoretische Grundlagen und praktische Anwendungen, 3. Auflage, München, S. 28.

6.4. Der Grid-Ansatz

Der Der Grid-Ansatz stammt von den amerikanischen Wissenschaftlern Robert R. Blake und Jane S. Mouton (1983).[150] Ihnen gelang es, eine Reihe differenzierter Lehrmeinungen aus Verkaufslehrbüchern durch das sogenannte Verkaufsgitter zu klären. Der Name rührt aus der englischen Übersetzung und bedeutet Gitter, Rost. Dieser Ansatz bietet die wissenschaftliche Grundlage für die Beschreibung menschlicher Beziehungen zwischen Verkäufer und Käufer. Unterschieden wird hierbei zwischen der **Sachebene** der Verkaufsverhandlung (Intensität des Interesses am Kauf bzw. Verkauf?[151] Liegt die Prämisse auf der Ergebnis-

---

[150] Vgl.: Brinker; Mangos (1998), Moderne Verkäuferschulung – Erfolgstraining in der Absatzwirtschaft, 2. Auflage, S. 53; sowie Preißner (2009), Kundenmanagement leicht gemacht – Was die Kunden von Ihnen erwarten und wie sie dies erfüllen, München, S. 55.

[151] Vgl.: Preißner (2009), Kundenmanagement leicht gemacht – Was die Kunden von Ihnen erwarten und wie sie dies erfüllen, München, S. 55.

orientierung oder auf der menschlichen Beziehung zum Verhandlungspartner?) und der **Beziehungsebene** der Verkaufshandlung (Wie intensiv gehen die Verhandlungspartner aufeinander ein? Wie groß ist die Beachtung der Interessen des Gegenübers?). Der Ansatz wird in Form eines Modells entsprechend der Abbildungen 22 und 23 dargestellt. Hierbei wird differenziert in Käufer und Verkäufer. Für beide Seiten lässt sich anhand der beiden Dimensionen ein Gitter erstellen, welches den Schluss auf unterschiedliche Verkaufsstrategien zulässt.

Abbildung 22 beschreibt die Seite des Verkäufers.[152] Dieses Modell beantwortet die Frage nach der Intensität des Interesses des Verkäufers hinsichtlich des Kunden und des Verkaufsabschlusses. Das Interesse am Verkaufsabschluss (x-Achse) beinhaltet alles, was der Verkäufer kraft seiner Tätigkeit zu erreichen hofft. Es handelt sich hier um das Verkaufsresultat. Das Interesse am Kunden (y-Achse) definiert das Leistungsergebnis. Das Koordinatensystem zeigt, wie die beiden Interessen aufeinander wirken. Jede Skala bzw. Achse ist in 9 Abschnitte unterteilt, wobei 1 geringes Interesse und 9 starkes Interesse ausdrückt. Prinzipiell ließen sich durch diese Skalen 81 verschiedene Typen spezifizieren.[153] Blake und Mouton beschränken sich jedoch auf fünf Spezifizierungen (siehe Abbildung 22). Diese Anzahl ist ausreichend für die Identifizierung eines grundlegendem Verhaltensmuster und der Durchführung einer ersten Zuordnung der Person. Er bietet erste Ansätze, welche Verkäufer und Käufertypen es gibt. Dem Verkäufer kann es mit diesem Modell gelingen, sich selbst einzuschätzen (oder einschätzen zu lassen) und darauf folgend Strategien für eine Veränderung des Verhaltens zu schaffen. Es ist jedoch sinnvoller sich einschät-

---

[152] Vgl.: Brinker; Mangos (1998), Moderne Verkäuferschulung – Erfolgstraining in der Absatzwirtschaft, 2. Auflage, S. 53ff.

[153] Vgl.: Preißner (2009), Kundenmanagement leicht gemacht – Was die Kunden von Ihnen erwarten und wie sie dies erfüllen, München, S. 55.

zen zu lassen,[154] da so eine Objektivität wahrscheinlicher ist als bei einer Selbsteinschätzung (keine Gefahr der Selbsttäuschung).

Abbildung 22:   Verkaufsgitter

		Interesse am Verkauf							
		1	2	3	4	5	6	7	8	9

Interesse am Kunden (y-Achse)

9 / 8 / 7 — **1,9: der menschlich orientierte Verkäufer:** möchte positive menschliche Beziehung zum Kunden aufbauen, harmonieorientiert

9 / 8 / 7 — **9,9: der problemorientierte Verkäufer:** setzt sich für Kunden und Unternehmen gleichermaßen ein, will Problem des Kunden zuverlässig lösen

6 / 5 / 4 — **5,5: der professionelle Verkäufer:** sucht die optimale Mischung aus Verkaufsdruck und Kundenorientierung, geht systematisch vor, setzt Verkaufstechniken ein

3 / 2 / 1 — **1,1: der gleichgültige Verkäufer:** geht davon aus, dass sich die Produkte von selbst verkaufen, macht Kunden ein Angebot und wartet dann ab

3 / 2 / 1 — **9,1: der umsatzorientierte Verkäufer:** Verkauf soll auf jeden Fall erzielt werden, berücksichtigt Kundeninteressen nicht, übt Druck auf Kunden aus

Quelle: Preißner (2009), Kundenmanagement leicht gemacht – Was die Kunden von Ihnen erwarten und wie sie dies erfüllen, München, S. 56.

Auf gleiche Art und Weise kann der Käufer analysiert werden (siehe Abbildung 23). [155] Auch hier liegen zwei Dimensionen zu Grunde: das Interesse des Kunden am Kauf (x-Achse) und das Interesse des Kunden am Kauf (y-Achse).

---

[154] Vgl.: Brinker; Mangos (1998), Moderne Verkäuferschulung – Erfolgstraining in der Absatzwirtschaft, 2. Auflage, S. 53ff.
[155] Vgl.: Pepels (2007a), Vertriebsmanagement in Theorie und Praxis, 1. Auflage, München/Wien, S. 268.

Abbildung 23: **Kundengitter**

	Interesse am Kauf								
	1	2	3	4	5	6	7	8	9
9 8 7	**1,9: der willenlose Kunde:** orientiert sich bedingungslos an Empfehlung des Verkäufers, vertraut ihm, kauft tendenziell zu viel						**9,9: der entschlossene Kunde:** weiß genau, was er will und sieht sich gezielt nach den gewünschten Produkten um		
6 5 4				**5,5: der Reputationskäufer:** orientiert sich an Erfahrungen anderer, achtet auf deren Status und den Ruf des Produkts					
3 2 1	**1,1: der gleichgültige Kunde:** möchte der Kaufentscheidung am liebsten aus dem Weg gehen, kein Risiko eingehen. Möglichst lässt er Vorgesetzte entscheiden.						**9,1: der abwartende Kunde:** sieht sich als überlegen in der Situation an, möchte die bestmögliche Leistung für sein Geld bekommen		

(Achsenbeschriftung links: Interesse am Verkäufer)

Quelle: Preißner (2009), Kundenmanagement leicht gemacht – Was die Kunden
von Ihnen erwarten und wie sie dies erfüllen, München, S. 57.

Interessant wird das Modell,[156] wenn man die verschiedenen Typen miteinander kombiniert. Trifft zum Beispiel der umsatzorientierte Verkäufer auf den abwartenden Kunden, so kann sich der Kunde „belustigt" mit anschauen, wie sich der Verkäufer bemüht, seine Machtsituation genießen und letztendlich den Verkauf bei einem anderen Verkäufer oder Unternehmen abschließen. Der Verkäufer sollte somit schon von Beginn an erkennen, dass seine Bemühungen kaum zum Erfolg

---

[156]   Vgl.: Preißner (2009), Kundenmanagement leicht gemacht – Was die Kunden
von Ihnen erwarten und wie sie dies erfüllen, München, S. 55ff.

führen dürften und sein Verkaufsinteresse zurückfahren. Dies würde dem menschlich orientierten Verkäufer entsprechen.

Regelrecht unproduktiv verliefe das Aufeinandertreffen eines gleichgültigen Kunden und eines gleichgültigen Verkäufers. In diesem Rahmen entständen ein einziger Kontakt und danach ein Rückzug beider Parteien. Vielmehr wäre bei diesem Käufertyp ein Verkäufer gefragt, der in der Lage ist, Druck auszuüben. Erfolgreicher wäre hier ein 9,x - Typ. Es gilt ein Bewusstsein zu schaffen, sich auf das Verhalten des Kunden einzustellen.

6.5. *Neurolinguistisches Programmieren (NLP)*

Ein weiterer Ansatz stellt das Neurolinguistische Programmieren (NLP) dar. NLP findet seine Wurzeln bereits 1933.[157] Alfred Korzybski formulierte die philosophischen und linguistischen Grundprinzipien des heutigen NLP. 1941 prägte er bereits den Begriff „Neurolinguistik". Das NLP-Modell wurde 1970 von Richard Bandler und John Grinder entwickelt.[158] Seither hat sich NLP zu einer der bedeutsamsten Beratungsmethoden entwickelt.[159] Die Grundidee lag in einer Art Kurzzeittherapie. Basis ihrer Idee waren Fragen wie:[160]

- Was macht einen guten Kommunikator so wirksam?

- Wie gehen Spitzenkönner der Kommunikation auf andere Menschen ein?

- Was machen sie automatisch und intuitiv richtig?

---

[157] Vgl.: Seuhs-Schoeller, (2001), NLP und Werbung-Der effiziente Weg zum Kunden, 1. Auflage, S. 21.
[158] Vgl.: Simon (2004), Gabals großer Methodenkoffer-Grundlagen der Kommunikation, 1. Auflage, S. 79.
[159] Vgl.: Seuhs-Schoeller, (2001), NLP und Werbung-Der effiziente Weg zum Kunden, 1. Auflage, S. 11.
[160] Vgl.: Simon (2004), Gabals großer Methodenkoffer-Grundlagen der Kommunikation, 1. Auflage, S. 79.

Die Anwendungsbereiche des NLP sind vielfältig.[161] Sie reichen von Karriereplanung und Selbstmanagement über Mitarbeiterführung und Personalauswahl bis hin zu Verkaufstraining/Vertrieb, welches im Fokus dieser Untersuchung steht.

Der Begriff NLP bedeutet,[162] dass unsere inneren Vorgänge auf der Basis von neuronalen Prozessen im Gehirn und der Verwendung von Sprache organisiert sind. Hier wird sich mit dem Zusammenhang von Körper,[163] Sprache und Denken befasst. Dies findet sich im Namen wieder:

- Neuro (Neurologische Prozesse)

  Das menschliche Verhalten besteht aus neurologischen Prozessen. Reize werden durch die Nerven aufgenommen und zum Gehirn transportiert, um dort gefiltert und verarbeitet zu werden. Das Verhalten entwickelt sich durch die fünf Sinne: Sehen (visuelle Reize), Tasten (kinästhetische Reize), Riechen (olfaktorische Reize) und Schmecken (gustatorische Reize). Mit ihrer Hilfe wird gefiltert, was an Informationen, Signalen und Reizen aus der Umwelt wahrgenommen wird.

- Linguistik (Sprache)

  Sie ist der individuelle Ausdruck der subjektiven Wahrnehmung. Über die Sprache tauschen sich Menschen mit anderen Menschen aus. Dazu gehört, wie schon in Kapitel 6.2 aufgeführt, die verbale und nonverbale Kommunikation.

---

161   Vgl.: Simon (2004), Gabals großer Methodenkoffer-Grundlagen der Kommunikation, 1. Auflage, S. 81.

162   Vgl.: Sommer (2003), NLP for Business, 1. Auflage, S. 8.

163   Vgl.: Simon (2004), Gabals großer Methodenkoffer-Grundlagen der Kommunikation, 1. Auflage, S. 183.

- Programmieren (Lernen)

  Hierbei ist die Kognition gemeint, der Prozess des Lernens durch sinnvoll aufeinander aufbauende Erfahrung.

„Neurolinguistisches Programmieren ist eine Sammlung von Verfahrensweisen zur Verbesserung der Kommunikation. Es beschreibt die Zusammenhänge zwischen Geist (Neuro) und Sprache (Linguistik) sowie die Auswirkungen ihres Wechselspiels auf Körper und Verhalten (Programmierung)."[164] Dazu unterscheidet NLP zwischen vier verschiedenen Wahrnehmungstypen von Mensch:[165]

- Visueller Wahrnehmungstyp (Der Sehsinn (Bilder) steht im Vordergrund.)

- Auditiver Wahrnehmungstyp (Der Hörsinn (Geräusche, Melodien) stehen im Vordergrund.)

- Kinästhetischer Wahrnehmungstyp (Der Tastsinn (Gefühle) steht im Vordergrund.)

- Olfaktorischer Wahrnehmungstyp (Der Geruchssinn (Duft) steht im Vordergrund.)

Der Verkäufer sollte sich selbst sowie den Kunden einem Wahrnehmungstyp zuordnen können, um sein Kommunikationsverhalten im Verkaufsgespräch anzupassen. Um dies zu gewährleisten, die Beziehung zum Kunden zu verbessern oder gar den Gesprächspartner zu beeinflussen, bedient sich NLP der Elemente Rapport, Pacing, Leading, Anchoring und Reframing.

---

164   Vgl.: Simon (2004), Gabals großer Methodenkoffer-Grundlagen der Kommunikation, 1. Auflage, S. 81.
165   Vgl.: Ackerschott (2001b), Wissensmanagement für Marketing und Vertrieb, 1. Auflage, Wiesbaden, S. 132.

Das Wort **Rapport** kommt aus dem französisch und bedeutet „Bezug".[166] Darunter wird ein Zustand verstanden, in dem sich zwei kommunizierende Menschen befinden können. Zwischen Menschen, die sich im Rapport befinden, herrscht eine tragfähige Beziehung gegenseitigen Vertrauens und Verstehens mit einer wechselseitigen Kommunikation in optimaler Weise. Gekennzeichnet ist dies durch die Angleichung der Körperhaltung, Gestik und Blickkontakt von Verkäufer und Kunde.

Rapport lässt sich z.b. durch aktives Zuhören herstellen,[167] indem bestimmte Worte, die dem Gesprächspartner als sehr wichtig erscheinen, wiederholt werden. Der Kunde sagt beispielsweise: „Ich habe das Gefühl, wir müssen uns noch mehr darum kümmern." Darauf könnte der Verkäufer antworten: „Ja, ich verstehe, dass Sie das Gefühl haben, dass wir hieran noch weiterarbeiten müssen."

Um zu testen,[168] ob tatsächlich Rapport hergestellt wurde, verändert der Verkäufer seine Körperhaltung, gleicht sich der Kunde an, so ist dies ein Zeichen dafür, dass der Kunde sich angenommen fühlt und Rapport besteht. Dieses Bestehen gilt als Voraussetzung für jede konstruktive Kommunikation, um das Vertrauen des Kunden zu gewinnen.[169]

Ziel der Kontaktaufnahme und -Pflege im Verkaufsgespräch sollte also sein, in Rapport zu kommen. Das Instrument, um dies zu gewährleis-

---

166 Vgl.: Seuhs-Schoeller, (2001), NLP und Werbung-Der effiziente Weg zum Kunden, 1. Auflage, S. 237; sowie: Ackerschott (2001b), Wissensmanagement für Marketing und Vertrieb, 1. Auflage, Wiesbaden, S. 133.
167 Vgl.: Dilts (2001), Die Magie der Sprache – Sleight of Mouth – Angewandtes NLP, 1. Auflage, Paderborn, S. 135.
168 Vgl.: Sommer (2008), 30 Minuten – Die NLP Erfolgsstrategien der Spitzenverkäufer, 3. Auflage, S. 51.
169 Vgl.: Seuhs-Schoeller, (2001), NLP und Werbung-Der effiziente Weg zum Kunden, 1. Auflage, S. 237; sowie: Ackerschott (2001b), Wissensmanagement für Marketing und Vertrieb, 1. Auflage, Wiesbaden, S. 133.

ten, ist das sogenannte **Pacing** (englisch für „Schritt")[170]. Hierbei handelt es sich um die Nachahmung des Verhaltens des Gegenübers,[171] in diesem Fall das Verhalten des Verkäufers. Kommunizieren zwei Menschen, die tatsächlich im Rapport miteinander stehen, verhalten sich die beiden Gegenüber wie zwei Spiegel.

Auf das Verkaufsgespräch bezogen, bedeutet dies, dass der Verkäufer sich zu Beginn des Gesprächs bewusst an den Kunden angleicht. Hierbei besteht die Gefahr des Nachäffens,[172] was den bereits hergestellten Rapport sofort zerstören würde. Geschieht dies nicht, kann der Verkäufer versuchen den Kunden im Gespräch zu führen. Dies wird im NLP als **Leading** (englisch für „Leiten")[173] bezeichnet. Hierbei führt der Verkäufer den Kunden achtsam in Richtung Angebot und Abschluss.[174] Bei Bedarf wechselt er das Gesprächsthema und achtet darauf, dass der Kunde ihm bereitwillig folgt um letztendlich eine neue Position zu beziehen.

Anchoring (englisch für „ankern"). Anker sind äußere Reize, die in einem Menschen bestimmte Reaktionen hervorrufen.[175] Mit ihnen können gewünschte innere Zustände gezielt abgerufen werden.[176] Hierbei ist in natürliche (z. B. wenn der Geruch von Lebkuchen und Glühwein sofort an Weihnachten erinnert) und künstliche Anker zu unterschei-

---

170 Vgl.: Seuhs-Schoeller, (2001), NLP und Werbung-Der effiziente Weg zum Kunden, 1. Auflage, S. 237.

171 Vgl.: Dilts (2001), Die Magie der Sprache – Sleight of Mouth – Angewandtes NLP, 1. Auflage, Paderborn, S. 135.

172 Vgl.: Ackerschott (2001b), Wissensmanagement für Marketing und Vertrieb, 1. Auflage, Wiesbaden, S. 134.

173 Vgl.: Seuhs-Schoeller, (2001), NLP und Werbung-Der effiziente Weg zum Kunden, 1. Auflage, S. 237.

174 Vgl.: Sommer (2008), 30 Minuten – Die NLP Erfolgsstrategien der Spitzenverkäufer, 3. Auflage, S. 51.

175 Vgl.: Ackerschott (2001b), Wissensmanagement für Marketing und Vertrieb, 1. Auflage, Wiesbaden, S. 133.

176 Vgl.: Maaß, Ritschl (1997), Coaching mit NLP – Erfolgreich coachen in Beruf und Alltag – Ein Übungsbuch, 2. Auflage, Paderborn, S. 258.

den. Ein Mensch kann nicht nicht ankern, denn dieses Phänomen ist eine wichtige Eigenschaft der menschlichen Natur.

Das Ankern im Verkauf setzt dieses Phänomen gezielt ein, um wichtige verhaltensprägende Informationen mit Reizen zu verankern. Hiermit soll bei Auftreten des Reizes der verankerte Kontext automatisch reproduziert werden. Ziel des Anchorings ist die Kopplung von Verhaltensweisen oder Einstellungen an Reize. Im Laufe des Gesprächs lässt sich diese Methode für den Verkäufer nutzen, um wichtige Sachverhalte zu verankern und im späteren Verlauf des Gesprächs dem Kunden wieder ins Bewusstsein zu rufen.

Reframing ist eine wichtige Methode für den Verkäufer, um evtl. Einwände und Probleme des Kunden zu beseitigen und zu lösen.[177] Reframing wird im NLP als der zentrale Prozess angesehen, um eine Veränderung herbeizuführen. Wörtlich bedeutet es „neurahmen", d.h. dass es dem Verkäufer gelingt, ein Bild oder eine Erfahrung des Kunden neu zu rahmen. Psychologisch beinhaltet dieser Vorgang, dass der Sinn von etwas verwandelt wird, indem man es in einen neuen Rahmen oder Kontext stellt. Für den Pessimisten ist das Glas Wasser vor ihm halb leer.[178] Im Reframing betrachtet er dasselbe Glas und beschreibt es als halb voll. Daher ist es im Kundengespräch für den Käufer essentiell, sich auf die Betrachtungsweise des Kunden einzustellen. Gelingt ihm dies, besteht für ihn die Möglichkeit der Einwirkung: des Reframings.

Die Unterschiede zwischen einem erfolgreichen und einem weniger erfolgreichem Verkäufer liegen selten an Produktvorteilen oder Preis-

---

177 Vgl.: Dilts (2001), Die Magie der Sprache – Sleight of Mouth – Angewandtes NLP, 1. Auflage, Paderborn, S. 36f.
178 Vgl.: Ackerschott (2001b), Wissensmanagement für Marketing und Vertrieb, 1. Auflage, Wiesbaden, S. 134.

gestaltung.[179] Vielmehr liegt die Kausalität im vertrauensvollen Verhältnis, welches der Vertriebler zum Kunden aufbaut. Durch Vertrauen steigt die Kaufbereitschaft. Dieses schafft ein guter Vertriebsmitarbeiter schnell aufzubauen und herauszufinden wie das eigene Produkt dem Kunden nützlich sein kann. Ist sich der Verkäufer vor allem seiner Ziele bewusst und hat die Fähigkeit zu erkennen, wann er einen Verkaufsabschluss realisieren kann, kann er Abschlüsse sicherer erzielen. Durch NLP erlernt der Verkäufer sich erfolgreich Ziele zu setzen und eine gute Beziehung zum Kunden aufzubauen.

6.6. *Verkaufsschulungen/Verkaufstrainings*

In den vorangegangenen Kapiteln wurden zahlreiche Instrumente, Techniken und Erkenntnisse der Verkaufspsychologie dargestellt. Um diese als Verkäufer zu erlernen und anwenden zu können, können Verkaufsschulungen und Verkaufstrainings ein Mittel sein. In der Regel erfolgen direkt nach der Einstellung eines Außendienstmitarbeiters die ersten Verkaufstrainings.[180] Dies geschieht primär, um die Fähigkeiten des Verkäufers entsprechend den Verkaufsanforderungen gezielt weiterzuentwickeln und zu schulen, aber auch um eine Steigerung des Leistungsvermögens zu bewirken.[181] So kann mittels Verkaufstraining die persönliche Kompetenz des Verkäufers entwickelt und aufgebaut werden.[182]

Je homogener die Produkte hinsichtlich Design, Funktion und Preis sind, desto entscheidender ist das persönliche Verkaufsgespräch. Im Kern reduziert sich ein erfolgreiches Verkaufen auf das kompetente Führen von Gesprächen, wie es in Kapitel 6.2 bereits näher aufgeführt

---

[179] Vgl.: Sommer (2003), NLP for Business, 1. Auflage, S. 14.
[180] Vgl.: Berndt; Cansier (2007), Produktion und Absatz, 2. Auflage, S. 207f.
[181] Vgl.: Berndt; Cansier (2007), Produktion und Absatz, 2. Auflage, S. 186.
[182] Vgl.: Regenthal (2009), Ganzheitliche Corporate Identity. Profilierung von Identität und Image, 2. Auflage, Wiesbaden, S. 162.

wurde. Der konkrete Nutzen eines Produktes für den Kunden ist nicht allein entscheidend für den Verkaufserfolg, es muss viel mehr dem Kunden direkt angeboten, präsentiert und entsprechend zielgruppenspezifisch verkauft werden.

Verkaufstrainings bzw. Verkaufsschulungen bedienen sich persönlicher und unpersönlicher Verfahren.[183] Die Auswertung von Fachbüchern und -zeitschriften, E-learning oder auch die Vorführung von Audio- oder Videokassetten gehören den unpersönlichen Verfahren an, hingegen der Besuch von Vorträgen und Kongressen, die Teilnahme an Seminaren und Diskussionen, die Erarbeitung von Fallstudien und Simulationen/Planspielen sowie die Übung in Rollenspielen und Gruppenarbeiten zu den persönlichen Verfahren gezählt werden.

Im Mittelpunkt dieser Trainingsmaßnahmen stehen zwei Schwerpunkte:[184] die fachliche Information als Grundlage für die Verkaufs- und Beratungstätigkeit sowie die Schulung des Verhaltens im Verkaufsgespräch. Bei Hochpreissegmenten und beratungsaufwändigen Produkten ist der persönliche Verkauf – und somit auch Verkaufstrainings – ein wichtiges absatzwirtschaftliches Instrument. Relevant für diese Untersuchung ist vor allem der Schwerpunkt: Schulung des Verhaltens im Verkaufsgespräch.

Schulungen und Trainings haben das Ziel, eine positive Veränderung herbeizuführen. Im Rahmen dieser Untersuchung ist unter positiver Veränderung, ein erlernen von verkaufspsychologischen Erkenntnissen und deren erfolgreiche Umsetzung und Anwendung beim Kunden zu verstehen. Wolfgang Grimm hat in diesem Bezug ein Sieben-Stufen-

---

[183] Vgl.: Pepels (2007a), Vertriebsmanagement in Theorie und Praxis, 1. Auflage, München/Wien, S. 66.
[184] Vgl.: Weber; Kabst (2006), Einführung in die Betriebswirtschaftslehre, 6. Auflage, S. 120.

Modell entwickelt,[185] um den Veränderungsprozess, den Trainings und Schulungen herbeiführen sollen, aufzuzeigen:

Stufe 1: Verkäufer hat Lernerfolg als Wissen erworben (Lernfeld),

Stufe 2: Verkäufer bereitet die erste Anwendung seines Lernerfolges vor (Lernfeld oder Funktionsfeld),

Stufe 3: Verkäufer wendet das Gelernte mechanisch oder oberflächlich an, keine tiefere Reflexion (Lernfeld oder Funktionsfeld),

Stufe 4: Verkäufer setzt den Lernerfolg als Routine ein (Funktionsfeld),

Stufe 5: Verkäufer nimmt kleine Abänderungen innerhalb seines Arbeitsbereiches vor (Funktionsfeld),

Stufe 6: Verkäufer beginnt damit, den Lernerfolg mit der Arbeit von Kollegen im Unternehmen zu integrieren (Funktionsfeld einschließlich Umgebung),

Stufe 7: Verkäufer nimmt eine grundsätzliche Überprüfung des Lernerfolges und größere Abänderungen vor, damit er den Erfordernissen des Unternehmens entspricht (Funktionsfeld einschließlich Umgebung).

Die weitere Untersuchung beruht auf der Annahme, dass das Unternehmen ein qualitativ hochwertiges Verkaufstraining bietet, um einen Veränderungsprozess nach Grimm zu gewährleisten.

---

[185] Vgl.: Brinker; Mangos (1998), Moderne Verkäuferschulung – Erfolgstraining in der Absatzwirtschaft, 2. Auflage, S. 17.

7. Umsatzsteigerung durch Verkaufspsychologie

„To measure is to know."[186]

J. C. Maxwell

Dieses Wissen ist bei der Messung von harten Faktoren, wie z. B. dem Verhältnis zwischen Kostensenkung und Gewinnsteigerung, einfach zu erhalten. Wie gestaltet es sich jedoch, wenn weiche Faktoren hier mit einspielen? Das Erlernen und die Anwendung von Verkaufspsychologie stellen einen solchen Faktor dar, somit trifft ein weicher Faktor auf einen harten Faktor, nämlich die Umsatzsteigerung. Inwieweit ist es möglich, Umsatzsteigerung durch Schulungen, Trainings und darauf folgende Anwendung von Verkaufspsychologie nachzuweisen.

Auf der Suche nach geeigneten Studien und Untersuchungen zu dieser Thematik kann festgestellt werden, dass wissenschaftliche und für die Öffentlichkeit zugängliche Untersuchungen im deutschsprachigen Raum zu dieser Thematik schwer bis gar nicht zu recherchieren sind. Die Ursache hierfür liegt, wie bereits in Kapitel 6 erwähnt, im Stehenbleiben des Erkenntnisfortschrittes der Thematik.[187] Die Themenstellung „Umsatzsteigerung durch Verkaufspsychologie" befindet sich laut Becker in einer wissenschaftlichen Schnittstelle zwischen den Disziplinen Betriebswirtschaft und Psychologie.

Luhmann betitelt diese Disziplinen als selbstreferentielle[188] Funktionssysteme.[189] Diese beschreibt Luhmann als autopoietisch[190], da die Ele-

---

186   projektmanagementzitate.de (2003 – 2009), abgerufen am 14.12.2009.
187   Vgl.: Becker (2004), Verkaufspsychologie-Theoretische Grundlagen und praktische Anwendungen, 3. Auflage, München, S. 8.
188   lat. *referre* „sich auf etwas beziehen".
189   Vgl.: Runkel; Burkhardt (2005), Funktionssysteme der Gesellschaft – Beiträge zur Systemtheorie von Niklas Luhmann, 1. Auflage, Wiesbaden, S. 7; mit Verweis auf Luhmann (1997).
190   Autopoiesis ist der Prozess der Selbsterschaffung und -erhaltung eines Systems.

mente aus denen sie bestehen, gekennzeichnet sind durch eine Selbstproduktion und -reproduktion. Das bedeutet, dass innerhalb der einzelnen Funktionssysteme alle Kommunikationen und Entscheidungen auf sich selbst bezogen sind. Dieser Ansatz bestärkt die Erläuterungen von Becker[191] und ist als Ursache für nicht vorhandene empirischen Untersuchungen zur Thematik „Umsatzsteigerung durch Verkaufspsychologie" anzusehen.

Wie rechtfertigen sich dann aber ökonomisch die zahlreichen kostenintensiven Verkaufstrainings in Unternehmen, wenn nicht nachgewiesen werden kann, dass Verkaufstrainings den Benefit steigern? Laut einer Studie des statistischen Bundesamts boten 1999 67 Prozent der deutschen Unternehmen Lehrveranstaltungen an.[192] Gemessen am Anteil der Gesamtstunden der Lehrveranstaltungen, werden 11 Prozent den Verkaufstrainings zugerechnet (siehe Abbildung 24).

---

[191] Vgl.: Becker (2004), Verkaufspsychologie-Theoretische Grundlagen und praktische Anwendungen, 3. Auflage, München, S. 8.
[192] Vgl.: Statistisches Bundesamt (2005), abgerufen am 08.01.2010.

Abbildung 24: Prozentuale Lehrveranstaltungsübersicht

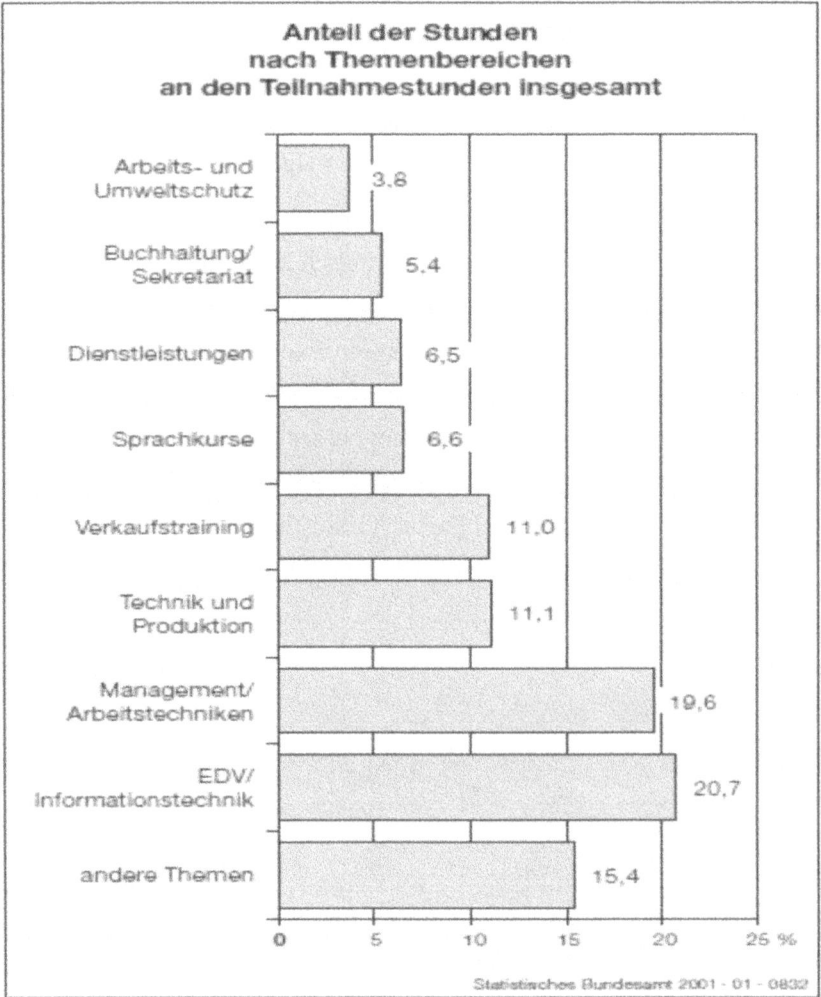

Anteil der Stunden
nach Themenbereichen
an den Teilnahmestunden insgesamt

Themenbereich	Prozent
Arbeits- und Umweltschutz	3,8
Buchhaltung/ Sekretariat	5,4
Dienstleistungen	6,5
Sprachkurse	6,6
Verkaufstraining	11,0
Technik und Produktion	11,1
Management/ Arbeitstechniken	19,6
EDV/ Informationstechnik	20,7
andere Themen	15,4

Statistisches Bundesamt 2001 - 01 - 0832

Quelle: Statistisches Bundesamt (2005), abgerufen am 08.01.2010.

Entsprechend der Erhebung des statischen Bundesamts im Jahr 2005 ist eine Zunahme der Lehrveranstaltungen in Unternehmen zu verbuchen (siehe Abbildung 25). Wie kann eine solche Zahl von Unternehmen ihre Vertriebsmitarbeiter an Verkaufstrainings teilnehmen lassen, wenn nicht bekannt ist, ob sich dieser Aufwand zumindest amortisiert?

Abbildung 25:   Weiterbildung in Unternehmen im Jahr 2005

Wirtschaftsbereich/Größenklasse	Weiterbildende Unternehmen	Lehrveranstaltungen	Geplante Phasen der Weiterbildung am Arbeitsplatz	Job-Rotation und Austauschprogramme	Lern- und Qualifizierzirkel	Selbstgesteuertes Lernen	Informationsveranstaltungen
			in % aller Unternehmen				
Nach Wirtschaftsbereichen							
Bergbau u. Gewinnung von Steinen u. Erden	69,2	51,0	44,5	3,3	10,9	11,7	60,3
Ernährungsgewerbe u. Tabakverarbeitung	63,0	44,1	48,1	10,5	10,8	4,1	51,0
Textil- u. Bekleidungsgewerbe, Ledergewerbe	55,9	42,4	37,6	5,5	10,0	8,0	43,7
Papier-, Verlags- u. Druckgewerbe	66,1	48,0	45,0	6,4	19,7	14,3	48,2
Kokerei, Mineralölverarbeitung, H. v. Bruttstoffen, H. v. chem. Erzeugn.; H. v. Gummi- u. Kunststoffwaren; Glasgewerbe, H. v. Keramik, Verarbeitung von Steinen u. Erden	76,0	59,5	57,5	11,3	22,8	15,0	64,9
Metallerzeugung u.-bearbeitung, H. v. Metallerzeugnissen	63,0	47,3	46,7	9,0	22,5	8,6	51,1
Maschinenbau; H. v. Büromasch., DV-Gerät. u.-Einr.; Elektrotech. usw.	82,7	71,1	66,3	16,4	18,3	17,0	77,3
Fahrzeugbau	77,7	58,8	60,6	16,6	20,3	13,5	62,7
Holzgewerbe, H. v. Möbeln, Schmuck, Musikinstr. usw., Recycling	59,3	45,8	40,0	6,8	7,2	6,6	45,2
Energie- u. Wasserversorgung	92,5	82,7	61,9	14,1	15,3	14,3	76,3
Baugewerbe	55,5	33,2	21,6	0,9	2,5	2,9	43,9
Kfz-Handel; Instandh. u. Reparatur von Kfz; Tankstellen	80,9	77,3	71,1	9,6	31,1	55,0	74,1
Handelsvermittlung u. Großhandel (ohne Kfz)	71,5	58,2	54,8	10,4	13,6	13,4	63,2
Einzelhandel, Reparatur von Gebrauchsgütern	57,3	40,0	38,7	5,8	13,9	11,9	43,2
Gastgewerbe	52,7	39,2	40,3	6,6	12,7	12,9	39,2
Verkehr	57,6	46,7	37,0	3,4	8,1	12,9	40,2
Nachrichtenübermittlung	60,0	45,7	49,1	7,0	15,2	14,5	46,6
Kredit- u. Versicherungsgewerbe	100	90,4	74,4	25,1	26,1	65,6	95,6
Kredit- u. Versicherungshilfsgewerbe	93,7	85,8	79,3	10,5	36,3	26,5	87,2
Grundst.-, Wohnungswesen, Vermietung beweg. Sachen usw.	80,6	66,3	56,0	10,8	20,8	18,5	69,1
Erbringung sonstiger öffentl. u. personl. Dienstleistungen Insgesamt	69,5	54,2	48,1	8,6	15,5	15,4	57,7
Nach Beschäftigtengrößenklassen							
10 - 19	60,5	44,0	39,3	5,5	11,9	12,2	49,1
20 - 49	71,1	56,9	49,3	8,1	13,7	17,3	56,9
50 - 249	80,8	64,7	57,5	11,3	22,0	16,1	71,6
250 - 499	82,2	69,9	65,1	16,3	21,7	15,3	69,2
500 - 999	89,3	80,1	79,5	31,1	26,7	32,1	83,6
1 000 und mehr	96,9	94,6	91,5	45,8	56,9	43,8	93,4
Insgesamt	69,5	54,2	48,1	8,6	15,5	15,4	57,7

Quelle: Statistisches Bundesamt (2009), abgerufen am: 15.01.2010.

Auf Grund dieser Frage wurden insgesamt 22 Verkaufstrainings- und Schulungsunternehmen telefonisch kontaktiert, um zu hinterfragen, welche Beweise sie dem Kunden darbieten um zu belegen, dass aus den angebotenen Verkaufsschulungen ein messbarer Mehrwert resultiert.

Neun Unternehmen beantworteten diese Frage folgendermaßen: „Ein Beweis vorab gestaltet sich schwierig, da vor allem die Ziele, die Unternehmen mit einer Verkaufsschulung verfolgen, unterschiedlich ist. Eine Überprüfung erfolgt in der Nachbereitungsphase der Schulungen". Elf Unternehmen gaben an, keine harten Faktoren zu messen, sondern mit Feedbackbögen der Teilnehmer zu arbeiten. Aus ökonomischer Sicht stellt sich hier jedoch die Frage, inwieweit Feedbackbögen relevant sind, denn primäres Ziel eines jeden Unternehmens ist es, wirtschaftlich zu handeln, was nichts anderes bedeutet als einen Gewinn zu verbuchen. Feedbackbögen spiegeln die subjektive Meinung der Teilnehmer wieder, stehen aber nicht zwingend in Relation zu dem tatsächlichen Erfolg, der aus der Schulung resultiert. Zwei Unternehmen gaben an eine Amortisationsrechnung anzubieten, diese erfolgt in der Nachbereitungsphase, da vorhandene Rechnungen aus Datenschutzgründen nicht vorgelegt werden können. Ausgehend von dieser Stichprobe resultiert die Annahme, dass Unternehmen Verkaufstrainings buchen, ohne einen Beleg der Erfolgsaussicht.

Diese Annahme entspricht jedoch nicht dem Trend.[193] Die schlechte Wirtschaftslage lässt Firmenchefs umdenken, denn immer mehr Unternehmen betrachten die Qualifizierung unter ökonomischen Gesichtspunkten: Sie investieren Geld und Zeit, um ihre Mitarbeiter weiter zu qualifizieren und verlangen dafür einen Ertrag als Ergebnis dieser Investition.

---

[193] Vgl.: Furkel (2004), QUALIFIKATION Weiterbildung wird zur Privatsache. In: ProFirma, Ausgabe: Vol. 7, Heft 11/2004 , S. 30-32.

Das Mannheimer Institut erklärt, diesen Trend erkannt zu haben und bietet laut eigenen Angaben mit dem INtem Intervall System Training eine Alternative zu den bisherigen Schulungsangeboten. Helmut Seßler gründete 1989 die INtem Gruppe Seßler und Partner GmbH und gilt als einer der führenden Verkaufstrainer in Deutschland.[194] Laut Seßler werden für Seminare und Schulungen, die keinen nachweislichen Erfolg für das Unternehmen bringen, zunehmend die Budgets gestrichen. Aus diesem Grund muss laut Seßler ein messbarer Trainingserfolg gewährleistet sein. Die spezifische Ausführung, wie eine Messung einer Umsatzsteigerung, abgeleitet auf das INtem Training, erfolgt, ist jedoch in der Veröffentlichung des Mannheimer Instituts zu dieser Thematik nicht aufzufinden.

Eine „Bedienungsanleitung" für die Messung der Umsatzsteigerung bzw. des Nutzens, welche lediglich auf die Schulung und Anwendung von Verkaufspsychologie zurück zu führen ist, oder ein empirischer Beweis einer Kausalität scheinen im deutschsprachigen Raum nicht zu existieren. Anders sieht dies im amerikanischen Raum aus. Die Verkaufsstrategie SPIN-Selling ist das Ergebnis der 12-jährigen empirischen Forschungsarbeit von Neil Rackham.[195]

SPIN steht hierbei für:[196] **S**ituation, **P**roblem, **I**mplikation, **N**utzen (siehe hierzu Abbildung 26). SPIN Selling ist eine am Huthwaite Institut (USA) entwickelte und bewährte Verkaufsstrategie, welche empirisch durch die Auswertung von 35.000 Verkaufsgesprächen abgesichert wurde.

---

[194] Vgl.: Etzel (2009), Besser mit Weiterbildung: Trainingsexperten präsentieren erfolgreiche Konzepte, 1. Auflage, Norderstedt, S. 273.
[195] Vgl.: Bottin und Schulz GmbH (kein Datum), abgerufen am 19.02.2010.
[196] Vgl.: Scherer (2009), Jenseits vom Mittelmaß – Mit SPIN-Selling vom Produktverkauf zum Lösungsverkauf. In: Der Finanzberater, Ausgabe: 03/09 , S. 7.

Abbildung 26:   SPIN Model

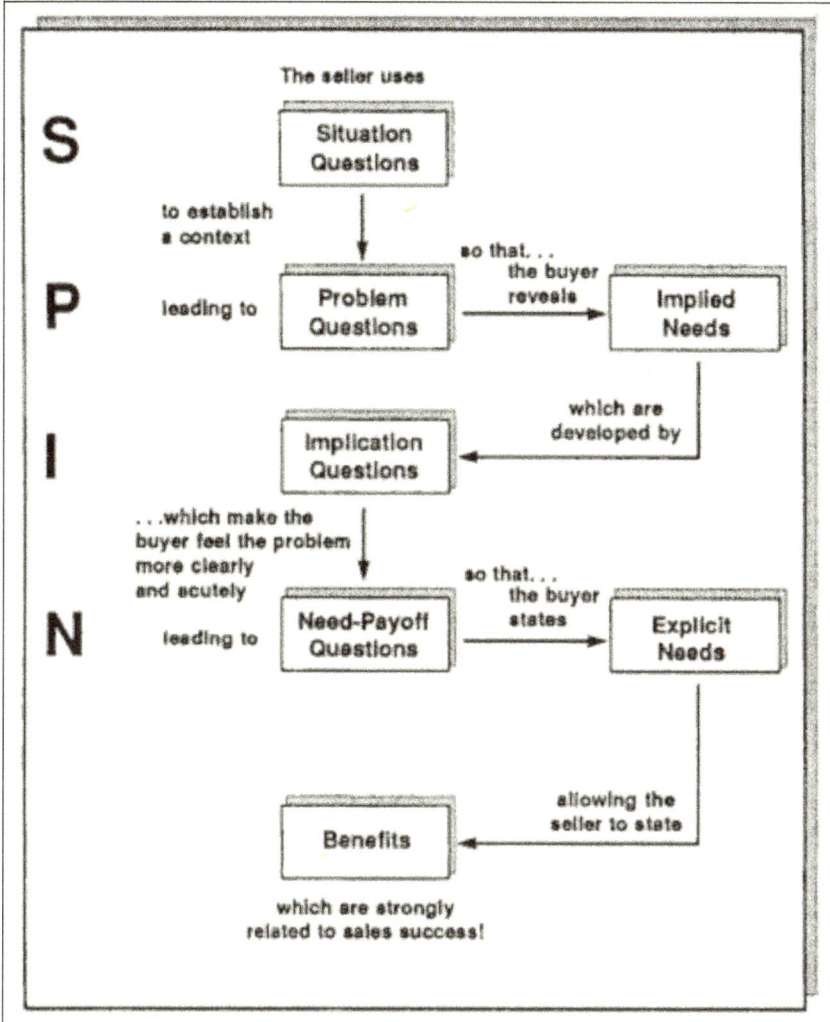

The seller uses

S

Situation
Questions

to establish
a context

so that...
the buyer
reveals

P

leading to

Problem
Questions

Implied
Needs

which are
developed by

I

Implication
Questions

...which make the
buyer feel the problem
more clearly
and acutely

so that...
the buyer
states

N

leading to

Need-Payoff
Questions

Explicit
Needs

allowing the
seller to state

Benefits

which are strongly
related to sales success!

Quelle: Rackham (1988), SPIN-Selling, 1. edition, New York/St. Louis/San
Franciso/Hamburg/London/Madrid/Mexico/Milan/Montreal/New
Dehli/Panama/Paris/Sao   Paulo/Singapore/Sydney/Tokyo/Toronto,
S. 92.

Die Hauptkenntnis der Forschungsergebnisse von Rackham setzt bei der Fragestellung des Verkäufers an:[197] Topverkäufer unterscheiden sich von weniger erfolgreichen Vertriebsmitarbeitern vor allem dadurch, dass sie andere Fragen stellen. Abbildung 26 bildet die Abfolge der Fragemanier der Topverkäufer ab:[198]

Situation Questions (Situationsfragen): Dienen der Ermittlung von Hintergrundinformationen des Kunden bzw. der Analyse der Ist-Situation des Kunden. Topverkäufer stellen jedoch wenige dieser Fragen, da eine erhöhte Quantität den potentiellen Käufer eher irritieren oder langweilen würde.

Problem Questions (Problemfragen): Auf die Situationsfragen erfolgt ein schneller Übergang zu den Problemfragen. Sie ermitteln Probleme, Schwierigkeiten und Unzufriedenheit des Kunden mit der aktuellen Lösung. Auf diese Weise kann der Verkäufer den unausgesprochenen Bedarf des Kunden ermitteln.

Implication Questions (Implikationsfragen): Sie werden gestellt, um den Kunden zu veranlassen, den unausgesprochenen Bedarf selbst zu formulieren. Sie verdeutlichen dem Kunden, welche Konsequenzen mit der Nichtlösung seines Problems einhergehen würden.

Need-Payoff Questions (Nutzenfragen): Nachdem der Kunde eingesehen hat, dass es seines Problems einer Lösung bedarf, veranlassen Nutzenfragen den potentiellen Käufer dazu, selbst zu formulieren wie nützlich die vom Verkäufer angebotene Lösung wäre.

---

[197] Vgl.: Scherer (2009), Jenseits vom Mittelmaß – Mit SPIN-Selling vom Produktverkauf zum Lösungsverkauf. In: Der Finanzberater, Ausgabe: 03/09 , S. 7.

[198] Vgl.: Rackham (1988), SPIN-Selling, 1. edition, New York/St. Louis/San Franciso/Hamburg/London/Madrid/Mexico/Milan/Montreal/New Dehli/Panama/Paris/Sao Paulo/Singapore/Sydney/Tokyo/Toronto, S. 91f.; sowie: Scherer (2009), Jenseits vom Mittelmaß – Mit SPIN-Selling vom Produktverkauf zum Lösungsverkauf. In: Der Finanzberater, Ausgabe: 03/09, S. 7.

Das SPIN-Modell wurde 1981 beim Unternehmen Motorola Canada implementiert,[199] mit dem Ziel den erzielten Mehrwert der Anwendung von SPIN-Selling zu messen. Die Anwendung erfolgte in den Call Centern des Unternehmens. Um die Messung vorzunehmen, erfolgte eine Schulung von 42 Motorola-Vertriebsmitarbeitern. Eine danach durchgeführte statistische Auswertung ergab folgende Veränderungen:

Situationsfragen: 1 % Zuwachs

Problemfragen: 17 % Zuwachs

Implikationsfragen: 53 % Zuwachs

Nutzenfragen: 60 % Zuwachs

Gewinn: 64 % Zuwachs

Auf Grund der Anwendung von SPIN-Selling und somit von Verkaufspsychologie konnte eine Gewinnsteigerung von über 60 Prozent verbucht werden. Dies liefert somit einen Beleg dafür, dass eine effiziente Verkaufsschulung und die Anwendung von Verkaufspsychologie den Umsatz im B2B sowie im B2C Bereich steigern können. Auf dieser Erkenntnis aufbauend, bietet das folgende Kapitel die bisher fehlende „Bedienungsanleitung", um eine Umsatzsteigerung durch Verkaufspsychologie zu messen.

---

[199]   Rackham (1988), SPIN-Selling, 1. edition, New York/St. Louis/San Franciso/Hamburg/London/Madrid/Mexico/Milan/Montreal/New Dehli/Panama/Paris/Sao Paulo/Singapore/Sydney/Tokyo/Toronto, S. 92.

8. Leitfaden

> „Jedes Denken wird dadurch gefördert, dass es in einem bestimmten Augenblick sich nicht mehr mit Erdachtem abgeben darf, sondern durch die Wirklichkeit hindurch muss."[200]

Albert Einstein

Durch diese Wirklichkeit soll der folgenden Leitfaden führen. Primär dient dieser als „Bedienungsanleitung" für eine erfolgreiche Nutzenberechnung von Verkaufstrainings und -schulungen. Da jedoch ein erfolgreicher Vertrieb nicht nur von Schulungen abhängt, werden ebenso die Grundvoraussetzungen für ein erfolgreiches Außenmitarbeiterteam vorgestellt.

Grundvoraussetzungen:

Die erste Grundvoraussetzung für den erfolgreichen Vertrieb ist eine vertriebsintelligente Führung entsprechend dem Kapitel 5. In diesem Rahmen müssen die einzelnen Führungskräfte vor allem in der Lage sein, ihre Außendienstmitarbeiter zu motivieren und in diesem Bezug die spezifischen Mitarbeiterziele zu beachten. Ein Vertriebsmitarbeiter muss eine hohe Motivation aufweisen, da er jeden Tag aufs Neue um potentielle Kunden „kämpft", um so seine Zielvorgaben zu erfüllen.

Nicht erreichte Sollvorgaben können hier sehr schnell demotivierend wirken, daher ist die Motivation[201] durch die Führungskraft unerlässlich. In diesem Bezug gilt es gleichermaßen, die zu erreichenden Zielvorgaben nicht zu hoch anzusetzen: Utopische Umsatzziele, Terminziele etc. demotivieren den Außendienstler. Da er diese selten oder nie

---

[200] AG, VNR Verlag für die Deutsche Wirtschaft (2010b), abgerufen am 11.01.2010.
[201] Siehe hierzu: 2 Faktoren Theorie von Herzberg sowie die Theorie des Homo Oeconomicus.

erreichen wird, können sich auch keine Erfolgserlebnisse einstellen. Somit müssen die Zielvorgaben zwingend smart[202] sein.

An diesem Punkt setzt die zweite Grundvoraussetzung an. Ein optimierter Vertriebsprozess ist ebenso wie der exzellente Vertriebsmitarbeiter für eine Umsatzsteigerung, aber auch für eine Verkürzung der Verkaufszyklen verantwortlich. Eine Möglichkeit, den Verkaufsprozess sowie die dazugehörigen Geschäftsphasen zu gestalten, findet sich in Kapitel 6.1 (Abbildung 6). Dieser Prozess kann exakt so übernommen werden oder als Orientierung für den individuell angepassten Vertriebsprozess dienen.

Die Optimierung des Marketing-Mix bildet die dritte Grundvoraussetzung. Hier ist der Fokus vor allem auf die Preispolitik zu setzen. Sind die Preise falsch kalkuliert, bereitet dies dem Verkäufer enorme Schwierigkeiten in der Argumentation des Kunden. Vor allem wenn der Preis des Produktes bzw. der Dienstleistung zu hoch angesetzt ist, bedarf es mehrerer schlagender Argumente bezüglich der Produktvorteile, um den potentiellen Kunden zu überzeugen. Da im B2B-Bereich meist mehrere Entscheidungsträger über den Kauf oder Nichtkauf entscheiden, ist die alleinige Anwendung von Verkaufspsychologie hier zwecklos. So wie der Außendienstmitarbeiter seinen Zielvorgaben unterliegt, unterliegt der Einkäufer bestimmten Budgetgrenzen. Im Verkaufsgespräch über den Preis zu argumentieren, ist für den Verkäufer mit Sicherheit eine wertvolle Hilfe. Ist der Preis jedoch zu niedrig angesetzt, kann schnell der Eindruck beim Kunden entstehen, es hier mit schlechter Produktqualität zu tun zu haben.[203]

---

202 Siehe hierzu: Kapitel 3.2: Vertriebsprozess (Abbildung 3).
203 Siehe hierzu: Preis-Qualitätseffekt. Weitere Ausführungen zu dieser Thematik: Meffert (1998), Marketing-Grundlagen Marktorientierter Unternehmensführung-Konzepte-Instrumente-Praxisbeispiele, 8. Auflage, S. 533.

Die vierte Säule der Grundvoraussetzungen bilden die Qualität und der Inhalt der Verkaufsschulung selbst. Sie dient dazu, die Instrumente der Verkaufspsychologie zu erlernen und später anzuwenden, dementsprechend ist die Auswahl eines guten Trainers elementar für den späteren Erfolg.[204] Zwingend für die Nutzenberechnung ist, dass alle Mitarbeiter die gleiche Schulung durchlaufen. Die Schulung muss für alle Mitarbeiter homogen sein, da die Nutzenberechnung ebenso dazu dienen kann, die Leistung der einzelnen Außendienstmitarbeiter zu vergleichen, daher sollte eine Verfälschungen des Ergebnisses durch unterschiedliche Schulungen vermieden werden.

Abbildung 27:   Vier Säulen der Grundvoraussetzung

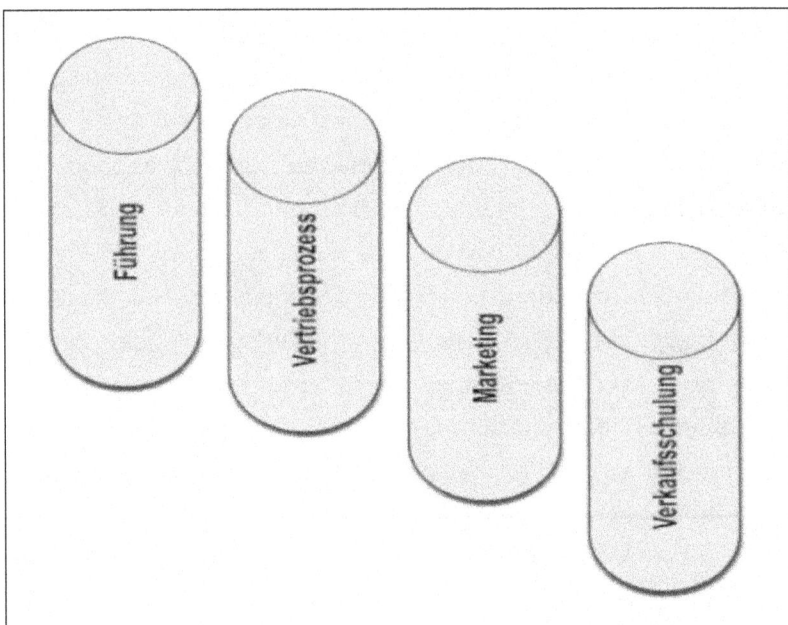

Quelle: Eigene Darstellung.

---

204   Vgl.: Hagmaier (2006), Den richtigen Trainer finden: Wie Ihre Weiterbildungsmaßnahmen zum gewünschten Erfolg führt. In: INtem Media, (2006), Messbar mehr Verkaufserfolg – Praktische Umsetzungstipps von 40 Verkaufsexperten (S. 23-34), Mannheim: INtem Media, S. 23f.

Nutzenberechnung oder auch „Bedienungsanleitung":

Die Anleitung zur Nutzenberechnung ist primär an die entsprechenden Führungskräfte adressiert, welche im Beweiszwang stehen ihr vorhandenes Budget ökonomisch einzusetzen. Verkaufstrainings verursachen Kosten und schmälern somit das Budget. Die Nutzenberechnung dient dem Ansatz, den spezifischen Trainingsnutzen auf den Cent genau zu berechnen. Um dies zu gewährleisten, muss vor der Schulung bzw. Training der Status Quo dokumentiert werden.

Die Dokumentation beinhaltet für jeden Außendienstmitarbeiter des Geschäftskundenvertriebs die genaue Anzahl der Kundentermine, der geführten Telefonate zur Kaltakquise, der Vertragsabschlüsse und der Umsatzzahlen. Dies erfolgt, um einen späteren Vergleich der Leistung gewährleisten zu können.

Elemente der Nutzenberechnung können ebenso als Instrument für die Mitarbeiterbeurteilung fungieren. Ist nach der Trainingsmaßnahme ein absoluter Zuwachs des Umsatzes zu beobachten, jedoch ein Stillstand des Erfolges eines einzelnen oder von wenigen Mitarbeitern, kann dies für die Führungskraft ein Indiz sein, dass einzelne Verkäufer Defizite hinsichtlich ihrer Kompetenzen aufweisen.

Ein Fehler wäre es jedoch, die Absatzzahlen der Außendienstmitarbeiter absolut in den Vergleich zu stellen, da unterschiedliche Verkaufsgebiete hinsichtlich Größe und Potenzial zu unterschiedlichen Erfolgen führen können.[205] Aus diesem Grund ist die reine prozentuale Verbesserung des Verkäufers Basis für evtl. folgende personalpolitische Maßnahmen.

---

[205] Vgl.: Meierhofer (2006), Messbar mehr Verkaufserfolg – Praktische Umsetzungstipps von 40 Verkaufsexperten, 1. Auflage, In: INtem Media, (2006), Messbar mehr Verkaufserfolg – Praktische Umsetzungstipps von 40 Verkaufsexperten (S. 59 – 65), Mannheim, S. 59.

Die genaue Berechnung des Nutzens einer Verkaufsschulung bedient sich statistischer Elemente. Grundlage der Berechnung ist die Kosten-Nutzenanalyse nach Schmidt, Hunter und Pearlman und wird daher von folgender Formel abgeleitet:[206]

$$UB = dt \times SDy \times A \times N \times t$$

Die Bedeutung der Parameter ist folgendermaßen: [207]

UB: Bruttonutzen;

dt: Effektstärke der Änderung;

SDy: monetärer Wert der Standardabweichung der Arbeitsleistung;

A: prozentualer Anteil der Leistungskomponente an der Arbeitsleistung;

N: Anzahl der Teilnehmer.

t: angenommene Wirkungsdauer des Effekts

Der Nettonutzen (**UN**) ergibt sich aus der Differenz von Bruttonutzen (**UB**) und Kosten (**K**).

Die **Effektstärke der Änderung (dt)**,[208] misst die Veränderung bzw. die Differenz zwischen der Vorher- und Nachhermessung. Sie ist der elementarste Teil der Formel, das sogenannte Herzstück der Nutzenberechnung. Sie gewährleistet eine Eliminierung der Einflussfaktoren, die neben der Wirkung der Verkaufsschulung auf den Vertriebserfolg wirkt. Der Zeitpunkt der Verkaufsschulung t_0 ist als Beginn der Erhebung zu verstehen. Hier erfolgt die erste Messung, der Status Quo. Nach einem Jahr erfolgt die zweite Messung zum Zeitpunkt t_1. Somit

---

[206] Vgl.: Fritz (2006), Ökonomischer Nutzen weicher Kennzahlen – (Geld-) Wert von Arbeitszufriedenheit und Gesundheit, 2. Auflage, Zürich, S. 95.

[207] Vgl.: Fritz (2006), Ökonomischer Nutzen weicher Kennzahlen – (Geld-) Wert von Arbeitszufriedenheit und Gesundheit, 2. Auflage, Zürich, S. 95.

[208] Vgl.: Fritz (2006), Ökonomischer Nutzen weicher Kennzahlen – (Geld-) Wert von Arbeitszufriedenheit und Gesundheit, 2. Auflage, Zürich, S. 95.

ergibt sich ein Zeitraum von ($t_0 - t_1$) der Betrachtung. In diesem Zeitraum gibt es verschiedene Faktoren, die auf den Umsatzerfolg wirken.

Hierbei ist in interne Faktoren und externe Faktoren zu unterscheiden. Interne Faktoren beschreiben Größen, die das Unternehmen direkt beeinflussen kann. Die Differenz der Anzahl der Kundentermine, der geführten Telefonate zur Kaltakquise, der Vertragsabschlüsse und der Umsatzzahlen verstehen sich als erste Berechnungsgrundlage der Effektstärke der Veränderung. Sie sind den internen Faktoren zuzuordnen und stehen miteinander im Verhältnis (z.B.: Erhöhung der geführten Telefonate zur Kaltakquise führt zu einer Erhöhung der Anzahl der Kundentermine). Daraus ergibt sich: Δ INTERNE FAKTOREN ($t_0 - t_1$).

Diese Faktoren können direkt der Verkaufsschulung zugeordnet werden, jedoch durch externe Faktoren relativiert werden. Diese externen Koeffizienten sind volkswirtschaftlichen Charakters und im Stande die Ergebnisse zu verfälschen, daher sind sie durch die Berechnung der Effektstärke zu eliminieren. So müssen Konjunkturdaten, Wettbewerb und die Qualität des Vertriebsgebietes in die Nutzenberechnung mit einberechnet werden. Handelt es sich zum Beispiel wie im Markt der Telekommunikation um einen reinen Verdrängungsmarkt und nicht um einen Wachstumsmarkt, relativiert dies das Erfolgsergebnis. Gleiches gilt für die Konjunktur: Im Rahmen einer Wirtschaftskrise, wie sie momentan weltweit vorzufinden ist, kann nicht davon ausgegangen werden, denselben Zuwachs wie in einer Hochkonjunktur zu erzielen. Im Gegenteil, hier ist es wahrscheinlich, dass ein Sinken der Nachfrage zu verbuchen ist und somit ein Sinken der Absatzzahlen.

Eine zusätzliche Relativierung ist die Qualität des Vertriebsgebietes. So kann z.B. eine Großstadt wie Hamburg oder München ein höheres Potential des Absatzvolumens aufweisen, als eine eher ländliche Gegend. Eine weitere Determinante ist den internen Faktoren zuzuordnen, sie wird jedoch auf Grund des relativierenden Charakters den externen

Faktoren zugeordnet. Die Verteilung und Abgrenzung der Vertriebsgebiete ist ebenso wie die Konjunktur, der Wettbewerb und die Qualität des Vertriebsgebietes in der Lage, das Ergebnis der Nutzenberechnung zu verfälschen. Dies tangiert die Berechnung jedoch nur, wenn das Unternehmen die Vertriebsgebiete ihres Außendienstes nicht abgrenzt. Bei einer Nichtabgrenzung der Vertriebsgebiete entsteht ein interner Wettbewerb zwischen den Außendienstmitarbeitern in den einzelnen Vertriebsgebieten. Aus den externen Faktoren ergibt sich: Δ EXTERNE FAKTOREN ($t_0 - t_1$).

Bei der **Standardabweichung der Leistung in Euro (SDy)** handelt es sich um ein statistisches Streuungsmaß.[209] Die Berechnung der Standardabweichung der Leistung basiert auf den Differenzen der internen Faktoren vor und nach der Trainingsmaßnahme. Somit ist die Messung des Δ INTERNE FAKTOREN ($t_0 - t_1$) Voraussetzung für die Berechnung der Standardabweichung der Leistung. Nach einer multiplikativen Verknüpfung mit den Personalkosten der Außendienstmitarbeiter ist auch diese Variable berechnet.

Der **prozentuale Anteil der Leistungskomponente an der Arbeitsleistung (A)** steht in Abhängigkeit zu der Gestaltungsform der Akquise. Zu unterscheiden ist hierbei in Besuchsakquise und Telefonakquise. Der Unterschied dieser beiden Gestaltungsformen liegt vor allem in der zeitlichen Komponente. So ist die Besuchsakquise z.B. mit der Anfahrtszeit verbunden und mindert somit den prozentualen Anteil der Leistungskomponente an der Arbeitsleistung. A = 1 würde bezogen auf die Telefonakquise somit aussagen, dass der Außendienstmitarbeiter 100 Prozent seiner Arbeitszeit mit Telefonieren verbringt. Dies ist praktisch nicht realisierbar, da er z.B. ebenso Kundendaten aktualisiert, Angebote schreibt etc. Weitet man die Akquise auf beide Gestaltungs-

---

[209]   Vgl.: Sedlmeier; Renkewitz (2008), Forschungsmethoden und Statistik in der Psychologie, 1. Auflage, München, S. 196f.

formen aus, verringert sich der prozentuale Anteil automatisch. Aus diesem Grund wird hier die Annahme getroffen, dass der Außendienstmitarbeiter einen prozentualen Anteil der Leistungskomponente an der Arbeitsleistung (A) von 40 Prozent erbringt. Daraus ergibt sich A = 0,4.

Die **Anzahl der Teilnehmer (N)** ergibt sich aus der Außendienstmitarbeiteranzahl, welche die homogene Verkaufsschulung zum Zeitpunkt t_0 durchlaufen haben.

Die multiplikative Verknüpfung der einzelnen Variablen ergibt nun den **Bruttonutzen (UB)**. Um darauf folgend den Nettonutzen zu berechnen, müssen vorerst die **Kosten (K)** errechnet werden. Diese lassen sich durch die Multiplikation von Preis des Verkaufstrainings je Teilnehmer inklusive einer Spesenpauschale für Anfahrt und Verpflegung und Teilnehmeranzahl ermitteln. Mit der Subtraktion der Kosten vom Bruttonutzen, erhält man das Ergebnis der Nutzenrechnung, den **Nettonutzen (UN)**.

Die angenommene Wirkungsdauer des Effekts **(t)** ergibt sich aus der Differenz aus t_0 und t_1 und beträgt somit 1.

Empfehlung:

Die Messung des Nettonutzens sollte eine Periode $(t_0 - t_2)$[210] später nochmals wiederholt werden, da sich die Effekte der Schulung zeitverzögert einstellen können. Die Außendienstmitarbeiter müssen sich mit den neuen Techniken der Verkaufspsychologie erst ausprobieren sowie die Anwendung trainieren. Durch eine Rückkopplung der Wahrnehmung, im Rahmen der sozialen Interaktion im Verkaufsgespräch, lernt der Verkäufer die Techniken adäquat anzuwenden. Es handelt sich hierbei um einen rollierenden Prozess und somit um einen Effekt,

---

[210] $t=2$

welcher sich nicht direkt nach der Trainingsmaßnahme einstellen muss.

Im Grundsatz wäre sogar eine barwertige Betrachtung anzuraten, bei der die Erträge aus den folgenden Perioden auf den Investitionszeitpunkt herab diskontiert würden. Dies setzt allerdings erstens die Festlegung eines entsprechenden Zinssatzes ebenso voraus wie zweitens die tendenziell willkürliche Festlegung des zu betrachtenden Zeitraums. Zu letzterem Aspekt ist anzumerken, dass vor dem Hintergrund einer allgemeinen „Wissensveralterung" ein Betrachtungszeitraum von drei bis fünf Jahren aber vertretbar erscheint.

9. Zusammenfassung

Im Rahmen dieser wissenschaftlichen Untersuchung galt es, die elementaren Instrumente und Techniken der Verkaufspsychologie darzustellen, einen Beweis für die Umsatzsteigerung durch Verkaufspsychologie darzulegen sowie einen Leitfaden für Unternehmen zu erstellen, welcher eine Messung von Verkaufspsychologie unter ceteris paribus Bedingungen gewährleistet.

Das wichtigste Instrument der Verkaufspsychologie ist die Kommunikation. Die Modelle „Die vier Seiten einer Nachricht nach Neuberger" und „Das Kommunikationsmodell von Schulz von Thun" beschreiben die Interaktion der Kommunikation zwischen Verkäufer und Käufer. Diese soziale Interaktion ist zu unterscheiden in verbale Kommunikation und nonverbale Kommunikation. Die Theorien der kognitiven Dissonanz sowie der psychologischen Reaktanz beschreiben eventuelle Störungen, die im Kommunikationsaustausch auftreten können. Immer noch unter der großen Thematik der Kommunikation gestellt, schließt der Grid-Ansatz an. Dieser bietet die wissenschaftliche Grundlage für die Beschreibung menschlicher Beziehungen zwischen Verkäufer und Käufer. Einen weiteren Ansatz stellt das Neurolinguistische Programmieren dar, hierbei handelt es sich um eine Sammlung von Verfahrensweisen zur Verbesserung der Kommunikation. Es beschreibt die Zusammenhänge zwischen Geist (Neuro) und Sprache (Linguistik) sowie die Auswirkungen ihres Wechselspiels auf Körper und Verhalten (Programmierung). Die amerikanische Studie des SPIN-Selling stellt ein weiteres Modell für die Interaktion zwischen Verkäufer und Käufer bereitet, dass letztendlich den empirischen Beleg für eine Umsatzsteigerung durch Verkaufspsychologie bietet. Deutsche Studien waren nicht recherchierbar.

Der erstellte Unternehmensleitfaden beinhaltet statistische Elemente und erläutert verschiedene Grundvoraussetzungen, welche für einen

Vertriebserfolg gewährleistet sein müssen. In diesem Bezug wurden der optimierte Verkaufsprozess, eine vertriebsintelligente Führung, die Optimierung des Marketing-Mix und die Qualität und der Inhalt der Verkaufsschulung selbst benannt. Die Grundlage der weiteren Nutzenberechnung ist die Kosten-Nutzenanalyse nach Schmidt, Hunter und Pearlman und baut auf folgenden Daten auf: die Differenz der Anzahl der Kundentermine, der geführten Telefonate zur Kaltakquise, der Vertragsabschlüsse und der Umsatzzahlen. Relativierende Determinanten wie Konjunkturdaten, Wettbewerb, die Qualität des Vertriebsgebietes sowie die Verteilung und Abgrenzung der Vertriebsgebiete fließen ebenfalls in die Berechnung mit ein.

10. Fazit

„(Es gibt) zwei Dinge, auf denen das Wohlgelingen in allen Verhältnissen beruht. Das eine ist, dass Zweck und Ziel der Tätigkeit richtig bestimmt sind. Das andere aber besteht darin, die zu diesem Endziel führenden Handlungen zu finden."[211]

Aristoteles

Das Ziel, das Aristoteles in diesem Zitat benennt, ist der ökonomische Erfolg der Außendienstmitarbeiter eines Unternehmens, das Wohlgelingen ihrer Tätigkeit. Das Handeln beschränkt sich jedoch nicht nur auf die Anwendung von Verkaufspsychologie, sondern auf ein in sich stimmiges Gesamtpaket, aus dem der Erfolg eines Vertriebsteams resultiert.

Die Gewährleistung dieses Erfolgs beginnt bereits bei der Rekrutierung der Außendienstmitarbeiter. Ein inkompetenter Verkäufer mit fehlenden sozialen Fähigkeiten kann zahlreiche Verkaufsschulungen durchlaufen, sein Erfolg wird jedoch immer mäßig bleiben. Zugleich muss das Umfeld des Verkäufers geeignet sein, um ihn zum gewünschten Erfolg zu führen.

Führen ist das Stichwort, denn eine motivierende Leitung verbunden mit einer vertriebsintelligenten Führungskraft ist ebenso für den gewünschten Erfolg verantwortlich wie der Verkäufer selbst. Auch der interne Lieferant im Unternehmen, das Marketing, trägt zum Erfolg des Vertriebs bei, denn hier wird der Grundbaustein, die vom Vertriebsteam umzusetzende Strategie, entwickelt.

---

[211] AG, VNR Verlag für die Deutsche Wirtschaft (2010d), abgerufen am 22.02.2010.

Verkaufspsychologie ist demnach als ein Hilfsinstrument, welches zum Erfolg beiträgt, anzusehen. Verbunden mit sozialer und emotionaler Intelligenz des Verkäufers kann sie dazu beitragen, die soziale Interaktion im Verkaufsgespräch zu verbessern und somit leichter einen Verkaufsabschluss zu erzielen. Verkaufspsychologie allein kann kaum zum Erfolg führen, denn das authentische Auftreten des Verkäufers ist mit erlernten Floskeln, Fragetechniken und sonstigen verkaufspsychologischen Ansätzen nicht zu ersetzen.

Literaturverzeichnis:

Ackerschott, H. (2001a). Strategische Vertriebssteuerung, 3. Auflage, Wiesbaden: Betriebswirtschaftlicher Verlag Dr. Th. Gabler GmbH.

Ackerschott, H. (2001b). Wissensmanagement für Marketing und Vertrieb, 1. Auflage, Wiesbaden: Betriebswirtschaftlicher Verlag Dr. Th. Gabler GmbH.

Ackerschott, H. (2002). Karriere machen, Vertrieb, 1. Auflage, Wiesbaden: Betriebswirtschaftlicher Verlag Dr. Th. Gambler GmbH.

AG, VNR Verlag für die Deutsche Wirtschaft (2010a). www.zitate.de. URL: http://www.zitate.de/db/ergebnisse.php?kategorie=Kommunikation. Letzter Zugriff am: 09. November 2009.

AG, VNR Verlag für die Deutsche Wirtschaft (2010b). www.zitate.de. URL: http://www.zitate.de/db/ergebnisse.php?kategorie=Praxis. Letzter Zugriff am: 11. Januar 2009.

AG, VNR Verlag für die Deutsche Wirtschaft (2010c). www.zitate.de. URL: http://www.zitate.de/db/ergebnisse.php?kategorie=Verkauf. Letzter Zugriff am: 23. Dezember 2009.

AG, VNR Verlag für die Deutsche Wirtschaft (2010d). www.zitate.de. URL: http://www.zitate.de/db/ergebnisse.php?kategorie=Management. Letzter Zugriff am: 22. Februar 2010.

Aumer, D. M.; Leyking, K. (2006). Realisierung eines kompetenzbasierten Weiterbildungsmanagements für dezentrale Vertriebsorganisationen. In: Zeitschrift für e-learning, Ausgabe: Februar 2006, S. 6-18.

Bänsch, A. (1990). Produktmanagement zwischen ökologischen Forderungen und ökonomischen Zielen. in: Finanz-, Bank- und Kooperationsmanagement. J. Jokisch, L. Raettig und G. Ringle (Hrsg.). Frankfurt am Main.

Bänsch, A. (1993). Verkaufspsychologie und Verkaufstechnik, 5. Auflage, München/Wien: R. Oldenburg Verlag.

Becker, W. (2004). Verkaufspsychologie. Theoretische Grundlagen und praktische Anwendungen, 3. Auflage, München/Wien: Profil Verlag GmbH.

Berndt, R.; Cansier, A. (2007). Produktion und Absatz, 2. Auflage, Berlin/Heidelberg: Springer Verlag.

Bleckmann, P. (2000). Kundengespräche erfolgreich führen, 4. Auflage, Stuttgart: Deutscher Sparkassen Verlag.

Bottin und Schulz GmbH (kein Datum). Bottin und Schulz, Management und Vertriebstraining. URL: http://www.bottin-schulz.de/tag/spin-selling. Letzter Zugriff am: 2. Februar 2009.

Brinker, G. B.; Mangos, C. (1998). Moderne Verkäuferschulung. Erfolgstraining in der Absatzwirtschaft, 2. Auflage, Ehingen bei Böblingen/Stuttgart: Expert Verlag, Taylorix Verlag.

Brons-Albert, R. (1995). Auswirkungen von Kommunikationstraining auf das Gesprächsverhalten, 1. Auflage, Tübingen: Gunter Narr Verlag.

Buhr, A. (2006). Die Umsatzmaschine – Wie sie mit Vertriebsintelligenz Umsätze steigern, 1. Auflage, Offenbach: Gabal Verlag GmbH.

Detroy, E.-N.; Behle, C.; vom Hofe, R. (2007). Handbuch Vertriebsmanagement, 1. Auflage, Heidelberg: Redline GmbH.

Diez, W. (2006). Automobilmarketing, Navigationssysteme für neue Absatzstrategien, 5. Auflage, Landsberg am Lech: Redline GmbH.

Dilts, R. (2001). Die Magie der Sprache – Sleight of Mouth – Angewandtes NLP, 1. Auflage, Paderborn: Junfermann Verlag.

Dilts, R. B.; Bonissone, G. (1999). Zukunftstechniken zur Leistungssteigerung und für das Management von Veränderungen – Über die Entwicklung professioneller Kompetenzen des Lernens, der Führung und der Kreativität – Angewandtes NLP, 1. Auflage, Paderborn: Junfermann Verlag.

Elgass, P.; Krcmar, H. (1993). Computergestützte Geschäftsprozeßplanung. In: Information Management, Ausgabe: Heft 1, S. 43.

Esch, F.-R.; Herrmann, A.; Sattler, H. (2006). Marketing – eine managementorientierte Einführung. 1. Auflage, München: Vahlen Verlag.

Etzel, G. (2009). Besser mit Weiterbildung: Trainingsexperten präsentieren erfolgreiche Konzepte, 1. Auflage, Norderstedt: Books on demand GmbH.

Fittkau, B.; Müller-Wolf, H.-M.; Schulz von Thun, F. (1994). Kommunizieren lernen (und umlernen), 7. Auflage, Aachen-Hahn : Hahner Verlagswirtschaft.

Frey, D. (2009). Change Management in Organisationen – Widerstände und Erfolgsfaktoren der Umsetzung. URL: http://www.humancapitalclub.de/pdf/CM%20regnet.pdf. Letzter Zugriff am: 14. Dezember 2009.

Frindte, W. (2001). Einführung in die Kommunikationspsychologie, 1. Auflage, Weinheim, Basel: Beltz Verlag.

Fritz, S. (2006). Ökonomischer Nutzen weicher Kennzahlen – (Geld-) Wert von Arbeitszufriedenheit und Gesundheit, 2. Auflage, Zürich: vdf Hochschulverlag AG an der EHT Zürich.

Furkel, D. (2004). QUALIFIKATION Weiterbildung wird zur Privatsache. In: ProFirma, Ausgabe: Vol. 7, Heft 11/2004 , S. 30-32.

Geffroy, E. K. (2005). Die Zukunft der Finanzdienstleistung: die besten Redner der Rothmann Akademie, 1. Auflage, Heidelberg: Redline Wirtschaft, Redline GmbH.

Görgen, F. (2005). Kommunikationspsychologie in der Wirtschaftspraxis, 1. Auflage, München, Wien: R. Oldenbourg Wissenschafts Verlag GmbH.

Hagmaier, A. (2006). Den richtigen Trainer finden: Wie Ihre Weiterbildungsmaßnahmen zum gewünschten Erfolg führt. In: INtem Media, (2006), Messbar mehr Verkaufserfolg – Praktische Umsetzungstipps von 40 Verkaufsexperten (S. 23-34). Mannheim: INtem Media.

Handelmann, A. (2004), Freundbild Kunde. Grundlagen für die Vertriebsarbeit, 1. Auflage, Norderstedt: Books on demand GmbH, 1. Auflage, Norderstedt: Books on demand GmbH.

Jäggi, C.; Portmann, S. (2008). Kommunikation in Marketing und Verkauf, 1. Auflage, Zürich: Compendio Bildungsmedien AG.

Johach, H. (2009). Von Freud zur humanistischen Psychologie, 1. Auflage, Bielefeld: Transcript Verlag.

Klammer, M. (1989). Nonverbale Kommunikation beim Verkauf, Heidelberg: Physica Verlag.

Klein, H.-M.; Kresse, A. (2006). Psychologie. Vorsprung im Job, 2. Auflage, Berlin: Cornelson Verlag.

Klenger, F. (2000). Operatives Controlling, 5. Auflage, München: Oldenbourg Wissenschaftsverlag GmbH.

Kotler, P.; Armstrong, G.; Saunders, J.; Wong, V. (2003). Grundlagen des Marketing, 3. Auflage, München: Pearson Studium.

Kotler, P.; Keller, K. L.; Bliemel, F. (2007). Marketing-Management, 12. Auflage, München: Pearson Studium.

Lang, E. (2007). Die Vertriebsoffensive – Erfolgsstrategien für umkämpfte Märkte, 1. Auflage, Wiesbaden: Betriebswirtschaftlicher Verlag Dr. Th. Gabler.

Luger, A. E.; Geisbüsch, H.-G.; Neumann, J. M. (1999). Allgemeine Betriebswirtschaftslehre. Band 2: Funktionsbereiche des betrieblichen Ablaufs, 4. Auflage, Müchen-Wien: Hanser Verlag.

Lüssen, C. F. (2009). Selbstsicheres und exzellentes Auftreten-Zeitgemäße Umgangsformen, 1. Auflage, Norderstedt: Books on Demand GmbH.

Maaß, E.; Ritschl, K. (1997). Coaching mit NLP – Erfolgreich coachen in Beruf und Alltag – Ein Übungsbuch, 2. Auflage, Paderborn: Junfermannsche Verlagsbuchhandlung.

Meffert, H. (1998). Marketing-Grundlagen Marktorientierter Unternehmensführung-Konzepte-Instrumente-Praxisbeispiele, 8. Auflage, Wiesbaden: Gabler Verlag.

Meierhofer, L. (2006). Messbar mehr Verkaufserfolg – Praktische Umsetzungstipps von 40 Verkaufsexperten, 1. Auflage, In: INtem Media, (2006), Messbar mehr Verkaufserfolg – Praktische Umsetzungstipps von 40 Verkaufsexperten (S. 59 – 65). Mannheim: INtem Media.

Mohr, P. (2002). 30 Minuten für erfolgreiches Verkaufen, 1. Auflage, Offenbach: Gabal Verlag GmbH.

Nerdinger, F. W. (2001). Psychologie des persönlichen Verkaufs, 1. Auflage, München/Wien: Oldenbourg Verlag.

Nerdinger, F. W. (2005). Kundenorientierung- Praxis der Personalpsychologie, 1. Auflage, Göttingen/Toronto/Bern/Seattle: Hogrefe-Verlag GmbH & Co. KG.

Oertel, I. (kein Datum). Image-Beratung-Kommunikation. URL:
http://www.image-consult.de/kommunikation/verkaufstraining.htm.
Letzter Zugriff am: 13. Dezember 2009.

Olbrich, R. (2006). Marketing: Eine Einführung in die marktorientierte
Unternehmensführung, 2. Auflage, Berlin/Heidelberg/New York: Springer
Verlag,

Pepels, W. (2002). Grundlagen Vertrieb, 1. Auflage, München/Wien: Carl Hanser
Verlag.

Pepels, W. (2007a). Vertriebsmanagement in Theorie und Praxis, 1. Auflage,
München/Wien: Oldenbourg Wissenschaftsverlag GmbH.

Pepels, W. (2007b). After Sales Service. Geschäftsbeziehungen profitabel steigern,
2. Auflage, Düsseldorf: Symposion Publishing GmbH.

Pohl, E. (2006). Intervalltrainings für den Verkaufserfolg. In: Portfolio
international, Ausgabe: 42, April 2006, S. 56.

Preißner, A. (2007). Vertrieb leicht gemacht, Märkte analysieren – Kunden
überzeugen – Umsatz steigern. Heidelberg: Redline Wirtschaft.

Preißner, A. (2009). Kundenmanagement leicht gemacht – Was die Kunden von
Ihnen erwarten und wie sie dies erfüllen. München: Redline Wirtschaft,
FinanzBuch GmbH Verlag.

projektmanagementzitate.de (2003 – 2009). Projektmanagementzitate. URL:
www.projektmanagementzitate.de.Letzter Zugriff am: 14.12.2009.

Rackham, N. (1988). SPIN-Selling, 1. edition. New York/St. Louis/San
Franciso/Hamburg/London/Madrid/Mexico/Milan/Montreal/New
Dehli/Panama/Paris/Sao Paulo/Singapore/Sydney/Tokyo/Toronto:
MacGraw-Hill Book Company.

Regenthal, G. (2009). Ganzheitliche Corporate Identity. Profilierung von Identität
und Image, 2. Auflage, Wiesbaden: Gabler Verlag.

Reiners, J. O. (2003). Kundenwertsteigerung und Außendienst. Berlin: Erich
Schmidt Verlag GmbH & Co. KG.

Runkel, G.; Burkhardt, G. (2005). Funktionssysteme der Gesellschaft – Beiträge
zur Systemtheorie von Niklas Luhmann, 1. Auflage, Wiesbaden: VS Verlag
für Sozialwissenschaften/GWV Fachverlage GmbH.

Scharnbacher, K.; Kiefer, G. (2003). Kundenzufriedenheit – Analyse, Messbarkeit, Zertifizierung, 3. Auflage, München: Oldenbourg Wissenschaftsverlag GmbH.

Scherer, H. (2009). Jenseits vom Mittelmaß – Mit SPIN-Selling vom Produktverkauf zum Lösungsverkauf. In: Der Finanzberater, Ausgabe: 03/09 , S. 7.

Scheuch, F. (2007). Marketing, 6. Auflage, München: Verlag Franz Vahlen GmbH.

Schmidtmann, A. (2000 – 2010). Zitate und Sprüche zu den einzelnen Faktoren des Projektmanagements. URL: http://www.projektmanagementzitate.de. Letzter Zugriff am: 13.12.2009.

Schulz von Thun, F. (1999). Miteinander reden 1 und 2. Reinbek: Rowohlt Taschenbuchverlag.

Sedlmeier, P.; Renkewitz, F. (2008). Forschungsmethoden und Statistik in der Psychologie, 1. Auflage, München: Pearson Studium.

Seider, U. (2006). Vertriebsintegration-Erfolgreiche Zusammenschlüsse von Unternehmen im Industriegütergeschäft. 1. Auflage, Berlin: Erich Schmidt Verlag.

Seuhs-Schoeller, C. (2001). NLP und Werbung-Der effiziente Weg zum Kunden, 1. Auflage, Wien, Frankfurt: Wirtschaftsverlag Ueberreuter.

Simon, W. (2004). Gabals großer Methodenkoffer-Grundlagen der Kommunikation, 1. Auflage, Offenbach: Gabal Verlag.

Sommer, J. (2003). NLP for Business. 1. Auflage, Offenbach: Gabal Verlag.

Sommer, J. (2008). 30 Minuten – Die NLP Erfolgsstrategien der Spitzenverkäufer, 3. Auflage, Offenbach: Gabal Verlag GmbH.

Spieß, E. (2005). Wirtschaftspsychologie. 1. Auflage, München: Oldenbourg Wissenschaftsverlag GmbH.

Statistisches Bundesamt (2005). destatis.de. URL: http://www.destatis.de/jetspeed/portal/cms/Sites/destatis/Internet/DE/Content/Publikationen/Querschnittsveroeffentlichungen/WirtschaftStatistik/BildungForschungKultur/Europaeischeerhebungcvts,property=file.pdf. Letzter Zugriff am: 8. Januar 2010.

Statistisches Bundesamt (2009). destatis.de. URL:
https://wwwec.destatis.de/csp/shop/sfg/bpm.html.cms.cBroker.cls?cmsp
ath=struktur,vollanzeige.csp&ID=1024773. Letzter Zugriff am: 15. Januar
2010.

Tewes, U.; Wildgrube, K. (1999). Psychologie-Lexikon. 2. Auflage, München,
Wien: Oldenbourg Verlag.

Vahs, D. (2007). Organisation. 6. Auflage, Stuttgart: Schäffer-Poeschel Verlag.

Veeck, O. G. (kein Datum). Der Seminaranzeiger: Katalogansicht. URL:
http://www.seminaranzeiger.de/cgi-bin/anzeiger/db.cgi?uid=
default&katalog=1&Rubrik=Verkaufstraining. Letzter Zugriff am: 02.
Februar 2010.

Watzlawick, P.; Beavin, J. H.; Jackson, D. D. (1993). Menschliche Kommunikation,
Formen, Störungen, Paradoxien, 8. Auflage, Bern, Stuttgart, Toronto: Verlag
Hans Huber.

Weber, W.; Kabst, R. (2006). Einführung in die Betriebswirtschaftslehre, 6.
Auflage, Wiesbaden: Gabler Verlag.

Weinberg, P. (1986). Nonverbale Marktkommunikation, Heidelberg: Physica Verlag.

Winkelmann, P. (2008a). Marketing und Vertrieb, 6. Auflage, München/Wien:
Oldenbourg Wissenschaftsverlag GmbH.

Winkelmann, P. (2008b). Vertriebskonzeption und Vertriebssteuerung-Die
Instrumente des integrierten Kundenmanagements, 4. Auflage, München:
Verlag Franz Vahlen GmbH.

Wiswede, G. (2007). Einführung in die Wirtschaftspsychologie, 4. Auflage,
München, Basel: Ernst Reinhardt Verlag.

Zechlin, L. (2004). Interne Zielvereinbarung – Von der Zielgenerierung zum
Monitoring der Leistungserbringung: Ein Praxisbericht, Universität
Duisburg-Essen, URL: http://www.hrk-bologna.de/de/download/
dateien/Vortrag_Zechlin.pdf. Letzter Zugriff am: 09. Februar 2010.

www.ingramcontent.com/pod-product-compliance
Lightning Source LLC
Chambersburg PA
CBHW030239230326
41458CB00093B/420